T

MÉMOIRE

A SON EXCELLENCE

LE COMTE DE VILLÈLE.

Ouvrages du même Auteur.

Mémoire a consulter sur un système religieux, etc. 1 vol. in-8°.
  Prix : 6 fr.
Dénonciation aux Cours royales, pour faire suite au Mémoire a consulter. 1 vol. in-8°. Prix : 7 fr. 50 c.
Pétition a la Chambre des Pairs. 1 vol in-8°. Prix : 3 fr. 50 c.

Sous presse.

Misères de la vie humaine. 2 vol. in-8°.

IMPRIMERIE DE J. TASTU,
RUE DE VAUGIRARD, N 36.

LES
JÉSUITES,
LES CONGRÉGATIONS
ET
LE PARTI PRÊTRE
EN 1827.

MÉMOIRE
A M. LE COMTE DE VILLÈLE,
PRÉSIDENT DU CONSEIL DES MINISTRES.

PAR

M. le Comte de Montlosier.

DEUXIÈME ÉDITION,
REVUE PAR L'AUTEUR

PARIS
AMBROISE DUPONT ET Cie, ÉDITEURS
DE L'HISTOIRE DE NAPOLÉON, PAR M. DE NORVINS,
RUE VIVIENNE, N. 16.
1828

AVIS DE L'ÉDITEUR.

Lorsque M. de Montlosier adressait, il y a trois mois, ce Mémoire à M. de Villèle, il ne pensait pas que la situation du ministère dût changer aussi promptement. Il croyait que l'intervalle de deux sessions serait un temps de calme et de repos pour le premier ministre, et qu'il aurait alors assez de loisir pour s'occuper des importantes questions traitées dans la Pétition renvoyée par la Chambre des pairs à Son Excellence; questions présentées dans ce Mémoire sous une forme nouvelle, et appuyées d'une multitude de faits nouveaux. Mais la dissolution de la Chambre des députés est venue donner de plus grandes occupations à M. de Villèle : nous aimons mieux penser que ces circonstances l'ont empêché de répondre à

M. de Montlosier, que de croire qu'il ne l'a pas voulu.

Cependant M. de Montlosier, forcé de remplir des engagemens qu'il a contractés à la face de la France, s'est décidé à publier ce Mémoire, resté jusqu'à présent sans réponse : plus tard il se propose d'invoquer la sagesse des deux Chambres contre un ministère qui, au mépris des lois, laisse les jésuites s'établir en France.

Nous avons ajouté à cette deuxième édition, revue par l'auteur, la Dénonciation faite à M. le procureur du roi de Marseille, par M. Isambert, avocat à la Cour de cassation. Cette Dénonciation, ayant pour objet de faire connaître l'existence illégale de congrégations religieuses dans le département des Bouches-du-Rhône, se rattache essentiellement au Mémoire de M. de Montlosier. Nous pensons que le public nous saura gré de lui donner cette pièce importante.

MÉMOIRE

A SON EXCELLENCE

LE COMTE DE VILLÈLE,

PRÉSIDENT DU CONSEIL DES MINISTRES.

MONSEIGNEUR,

Immédiatement après l'arrêté de la Chambre des pairs, qui a jugé à propos de renvoyer à Votre Excellence ma pétition au sujet de l'invasion des jésuites, mon devoir a été de vous écrire pour mettre à votre disposition ce que je puis avoir d'informations sur ce point.

Que Votre Excellence n'ait pas jugé à propos de me faire réponse, je ne puis en être étonné. Pendant le cours d'une session qui a été orageuse, elle a eu assez d'occupation pour se croire autorisée à renvoyer à un autre temps l'examen d'une affaire qui lui aura paru moins pressante. Les circonstances actuelles lui laissant plus de loisir, je ne puis me dispenser d'avoir de nouveau recours à sa sagesse. Le barreau de France, la magistrature, la Chambre des pairs ayant, dans les diverses circonstances où cette affaire leur a été portée, paru y mettre une grande importance, il me conviendrait moins qu'à personne de paraître négliger des questions sur lesquelles la France entière attend une décision.

Ce motif est d'autant plus pressant pour moi, que, comme je vais bientôt l'exposer à Votre Excellence, le grand abus de l'invasion des jésuites s'aggrave chaque jour de nouveaux abus. Ce n'est pas assez que ces religieux se soient furtivement introduits en France, et qu'ils aient commis ainsi une grande et première violation de nos lois; Votre Excellence va voir que depuis leur introduction et principalement depuis une certaine époque, ils ne cessent dans toute leur conduite d'ajouter des violations aux violations.

On dira peut-être que ce ne sont que des règles. Quand cela serait, les règles méritent des égards. Votre Excellence aura à juger comment des hommes qui sont déjà en état de délit, peuvent avoir la hardiesse d'enfreindre les règles, après avoir enfreint les lois. Elle ne pourra s'empêcher de reconnaître que de tels hommes doivent se sentir un grand appui.

Il me sera indispensable dans ce Mémoire de rechercher cet appui. Je commencerai par m'occuper des abus présens; j'en montrerai ensuite la source. Cette source est dans ce que j'ai appelé depuis long-temps le *parti prêtre*; c'est-à-dire dans une portion du haut clergé qui, depuis la chute de nos anciennes institutions, a regardé l'état de la France comme favorable à ses envahissemens. Ce parti s'est concerté dès-lors avec tout un ensemble de frères, de missions, de congrégations politiques et de congrégations religieuses, à l'effet de mettre sous le joug, non-seulement vous, Monseigneur, et tout le ministère, mais encore une partie de la cour, un grand nombre de magistrats, de membres des deux Chambres et de fonctionnaires publics.

En prononçant cette assertion, je sens ce qu'elle peut offrir de souffrances à la juste fierté d'hommes d'Etat qui, étant réellement captifs, voudraient ne pas le paraître. Je prévois qu'elle n'en causera pas moins à quelques ames timorées qui, prenant leur dévotion aux prêtres pour une dévotion à Dieu, les confondent dans le respect qu'ils lui portent.

Si je voulais fouiller à ce sujet les anciennes archives de l'Eglise, peut-être me serait-il facile de montrer que là est précisément l'origine des maux que dans tous les temps elle a éprouvés. Que de textes j'aurais à citer à cet égard de saint Cyprien, de saint Augustin et de saint Bernard! Je me contenterai d'un seul trait : il sera tiré de la *Vie de saint Vincent de Paule*.

J'y vois que ce grand homme s'occupa beaucoup de la réforme des mœurs chrétiennes. J'y vois aussi, qu'avant tout, il crut devoir s'occuper de celles du clergé. « Nous devons, disait-il, faire quelque effort pour ce grand besoin de l'Eglise, qui s'en va ruinée en beaucoup d'endroits par la mauvaise vie des prêtres ; car ce sont eux qui la ruinent et qui la perdent : et il n'est que trop vrai que la dépravation de l'état ecclésiastique est la cause principale de la ruine de l'Eglise de Dieu. »

Plus heureux qu'au temps de saint Vincent de Paule, nous n'avons plus aujourd'hui à déplorer autant de ces actes de dépravation qui étaient signalés alors. Le mal n'est pas de ce côté. Le clergé français, à beaucoup d'égards, est remarquable en ce qui concerne la pureté des mœurs. *La dépravation de l'état ecclésiastique*, dont se plaignait saint Vincent de Paule, a pris une autre direction.

A la suite des anciens combats de la puissance spirituelle et de la puissance temporelle, la révolution ayant ôté à celle-ci les étais qu'elle avait dans nos institutions, cette circonstance a paru d'autant plus favorable à un certain parti, qu'à l'exemple de nos princes un esprit de piété et de soumission picuse s'est plus généralement répandu. De cet ensemble de circonstances est résulté, de la part du clergé (excité par le parti prêtre) une tendance à la domination qu'il n'a pas même cherché à dissimuler; et alors, tout ainsi que saint Vincent de Paule se crut obligé dans son temps de diriger vers un point particulier de désordre son zèle comme homme de Dieu, il m'est indispensable comme citoyen, c'est-à-dire comme homme du Roi et de la patrie, de diriger mon zèle contre une frénésie d'ambition qui, prenant une couleur religieuse, cherche de plus en plus à s'accréditer.

Sous ce rapport, le Mémoire que j'ai à adresser à Votre Excellence portera sur deux parties distinctes.

Dans la première partie j'exposerai les faits et je rechercherai leurs causes.

Dans la seconde partie je rechercherai les conséquences qui peuvent résulter de cet ensemble dans les intérêts de la religion, du Roi et de la société.

PREMIÈRE PARTIE.

EXPOSITION DES FAITS; RECHERCHES DES CAUSES ET DES PRINCIPES QUI LES ONT AMENÉS.

CHAPITRE PREMIER.

INTRODUCTION PROGRESSIVE DES JÉSUITES EN FRANCE; LEUR ÉTABLISSEMENT A BILLOM, EN OPPOSITION AUX LOIS DE L'UNIVERSITÉ.

Si vous voulez, Monseigneur, rappeler à votre attention ce qui concerne l'existence des jésuites en France, elle vous offrira trois âges distincts.

Le premier, leur introduction obscure et furtive sous le nom de *pères de la foi* et de *pacanaristes*.

Le second, la complète divulgation de leur existence sous le nom de jésuites; existence surveillée par une administration sévère, et qu'on pourrait regarder alors comme simplement tolérée.

Le troisième âge, c'est-à-dire l'âge présent, où, au lieu d'une surveillance sévère, une administration protectrice (la vôtre, Monseigneur) la favorise ouvertement dans ses opérations, même dans ses écarts.

Au premier âge, celle de l'introduction furtive, les jésuites ont fait peu d'impression en France. Quand j'aurai à traiter des *conséquences*, je montrerai comment, dans certaines situations des Etats, l'existence des jésuites pourrait n'avoir pas, ou avoir moins d'inconvéniens. Par exemple, au temps du consulat ou de l'empire, on pouvait ne pas s'en occuper. Peut-être même que sous le despotisme, une hardiesse, qui avait une apparence de révolte, avait quelque attrait pour une nation remplie de semences de révolte.

Au second âge, c'est-à-dire à l'époque de la Restauration, l'introduction furtive se prévalant d'un certain appui, et commençant à se mettre à découvert, a commencé par-là même à donner des inquiétudes. Cependant, tant qu'une administration sévère a prévalu, le public, se confiant à cette administration, a enduré la présence des jésuites; il a paru tolérer qu'ils fussent tolérés.

Bientôt cependant, et cette sévérité de la part de l'administration, et de la part du public cette apparence d'indulgence, n'ont convenu ni aux jésuites, ni à leur parti. De Rome, ainsi que de Saint-Acheul, de Mont-Rouge, de toutes les cavernes de congrégations politiques et religieuses, est sorti une clameur en faveur des jésuites; et pour cela même, on a demandé un nouveau gouvernement et un nouveau ministère.

A ce cri, dont plusieurs amis du Roi et de la Royauté ont été dupes, un grand mouvement s'est élevé dans l'État. En même temps qu'on changeait de fond en comble toute l'administration, il a fallu changer tout le système. A cette époque, que signalent et l'éloignement du ministère Richelieu, et le changement de tout le personnel de l'Université, et la disgrâce de tout ce qui était supposé adversaire des nouvelles vues, éclate l'existence avouée des jésuites, celle des congrégations religieuses et politiques, en un mot, toute la domination du *parti prêtre*.

La France étonnée s'est trouvée prise alors comme dans un trébuchet. Elle a vu en plein la route qu'on lui faisait tenir, l'abime où on la conduisait; de toutes parts des murmures se sont élevés.

Les jésuites n'ont tenu compte de ces murmures. Autrefois criminels honteux, ou du moins modestes, ils cherchaient à se dérober aux reproches en se dérobant aux regards. Aujourd'hui, sous la protection de grands personnages leurs complices, ils forment de vastes établissemens, accaparent de riches donations, se mettent à la tête de grandes maisons d'éducation; narguant désormais les magistrats qui les condamnent, les lois qui les proscrivent, et la clameur publique qui les honnit.

Il semblerait que c'est porter l'audace assez loin. On pourrait croire que des moines criminellement et furtivement introduits, et qui se sont ensuite criminellement et furtivement investis de l'instruction publique, vont au moins se conformer aux règles établies pour cette instruction. Vous allez voir, Monseigneur, qu'il n'en est rien.

Et d'abord vous savez comment, par la loi

du 10 mai 1806, l'Université fut chargée *exclusivement* de l'enseignement et de l'éducation publique. Vous savez ensuite comment, par une ordonnance (une simple ordonnance, non insérée au *Bulletin des lois*), Louis XVIII jugea à propos d'accorder par exception aux évêques et aux archevêques de son royaume, la faculté de créer, sous le nom de petits séminaires, *des écoles ecclésiastiques*. Si l'on veut regarder cette ordonnance, comme base de législation sur cette matière, au moins conviendra-t-on que ce furent *des écoles ecclésiastiques* et dans un objet tout *ecclésiastique*, que le Monarque voulut instituer.

Eh bien, Monseigneur, si vous voulez faire vérifier sur ces maisons d'éducation les recherches que j'ai faites moi-même avec soin, Votre Excellence y trouvera, non-seulement comme dans les autres des maîtres de grec et de latin, mais encore des maîtres d'armes, des maîtres de danse, des maîtres de peinture et de musique, en un mot, tout ce qui caractérise le train ordinaire des éducations laïques.

Les jésuites ne se contentent pas de violer

en ce point les règles particulières qui leur sont imposées ; si Votre Excellence veut se faire apporter une autre ordonnance royale, en date du 17 février 1815, elle y trouvera en termes exprès que « ces écoles secondaires ecclésiastiques ne peuvent recevoir aucun élève externe. » Eh bien, Monseigneur, le croirez-vous ! les jésuites ne sont pas plutôt établis à Billom, qu'après avoir admis quatre-vingts élèves pensionnaires, ils appellent aussitôt trois cents élèves externes.

Pour masquer de quelque manière des infractions aussi manifestes, il est naturel qu'on invente, en fait de raisonnemens, bien des subtilités ; en fait de manége, bien des subterfuges. Rien ne manque en ce genre.

Et d'abord, à ne parler que des inférieurs, lorsqu'on leur rappelle qu'aux termes de leur institution, les jeunes gens de ces écoles sont tenus, au bout de deux ans, de prendre l'habit ecclésiastique, ils répondent que ces élèves portent une cravate noire ; c'est comme le petit collet et la soutane.

Lorsqu'on leur rappelle ensuite qu'aux termes de la même ordonnance, ils ne doivent point avoir d'élèves externes : C'est juste, répondent-ils, mais nous allons les visiter régulièrement dans les maisons qu'ils habitent. *Visités régulièrement*, c'est comme pensionnaires.

Sur ce point cependant, un réglement de l'Université, sanctionné par l'autorité, porte:

« Ne sont considérés comme pensionnaires que ceux qui habitent les maisons, y vivent, y couchent; et sont considérés comme externes tous ceux qui ne remplissent pas ces conditions: lesquelles constituent seules l'état de pensionnaire dans les maisons d'éducation. »

Il semble qu'il n'y a rien à répondre, c'est précis. N'importe, Monseigneur, on répond tout de même; on répond toujours.

En même temps que les subalternes se réfugient dans de misérables subtilités, on voudrait espérer que les chefs y mettront plus de franchise. S'il y avait aujourd'hui à la tête de l'Université, un homme à double cœur, à double conscience, à double face, en un mot, un homme *dolis instructus et arte pelasgâ*, on sent ce que deviendraient dans les mains de cet homme, voué au *parti prêtre*, les règles, les lois, toutes les institutions de l'Université. Point du tout, il s'y trouve un homme que je ne connais point personnellement, mais que tous ses amis prônent comme un homme honorable, plein de loyauté et de franchise. Il m'importe d'établir ici cette particularité, parce que, dans un moment, quand j'aurai à établir la captivité du ministère, j'aurai besoin de rappeler comme témoignage, les contradictions qui en émanent. En attendant, il me suffira de citer la correspondance du recteur de Clermont avec M. d'Hermopolis, au sujet des élèves externes de Billom. On peut compter sur les faits suivans, je vais les noter par numéro.

N° I. Lettre du recteur, qui informe M. d'Hermopolis de l'établissement du collége jésuitique de Billom et de la réunion dans ce collége de trois cents élèves externes; le recteur demande des instructions sur cette circonstance qui lui paraît illégale.

N° II. Réponse de M. d'Hermopolis, qui envoie copie de l'ordonnance royale du 17 février 1815, dans laquelle il est dit, article 45, que ces écoles ne peuvent recevoir aucun élève externe; enjoint au recteur de faire exécuter cette ordonnance et de s'y conformer.

N° III. Communication à M. le maire de Billom de cette lettre et de l'ordonnance royale.

N° IV. Recours de M. le supérieur des jésuites à M. d'Hermopolis. Conférence particulière de ce supérieur avec ce prélat.

N° V. Retour du supérieur de Billom en Auvergne. Conférence de ce supérieur avec le recteur de Clermont; il est dit dans cette conférence qu'on est d'accord avec M. d'Hermopolis sur le fait des élèves externes. « Vous pouvez, Monsieur, si vous voulez, en écrire à M. d'Hermopolis et lui citer mes paroles. On m'a recommandé seulement de la prudence, je serai très-prudent. »

N° VI. Lettre de M. le recteur à M. d'Hermopolis, pour lui faire part de cet état de choses. De la part de celui-ci, point de réponse. L'article 45 de l'ordonnance du Roi reste sans exécution. Éloignement du recteur.

Franchement, je m'en rapporte à vous, Monseigneur; je vous demande si vous connaissez, dans aucun gouvernement au monde, un autre exemple d'un tel système de tergiversation et de mensonge. Il est indispensable de rechercher la source de ce désordre.

CHAPITRE II.

PROTECTEURS DES JÉSUITES EN FRANCE; BULLE DU PAPE QUI LES RÉTABLIT.

Quand un délit se commet (je pense que Votre Excellence sera de mon avis), s'il ne se commet que dans l'ombre de la nuit, si les coupables n'osent se montrer, et que, loin de se vanter de leurs prouesses, ils en paraissent au contraire honteux, leur timidité sera un indice de leur faiblesse, et par-là même d'une certaine force dans les lois. Si au contraire ils se montrent en plein jour, s'ils étalent, s'ils vantent leurs hauts faits, si on les voit braver hautement les magistrats d'un pays, ainsi que ses institutions et ses lois, on peut croire qu'ils se sentent soutenus, et qu'ils ont une conscience de leurs forces. Dans l'ordre des délits privés, c'est ce qui fait la différence de Cartouche à Mandrin; dans la sphère des crimes d'Etat, c'est ce qui compose la différence des jésuites de 1809 à ceux de 1820. Etonné de l'audace des délinquans, on se demande où est leur appui. Certes, il faut qu'il soit bien fort, un appui capable de balancer les arrêts des parlemens, les édits de Louis XV et de Louis XVI, confirmés par les décrets de l'assemblée *constituante*, par les lois de la révolution et par celles de l'empire; corps de législation reconnu solennellement par les décisions du barreau, par des arrêts de Cours royales, et promulgué encore récemment par un arrêté de la Chambre des pairs. On cherche où peut être la masse de pouvoir capable de balancer une telle masse de pouvoir.

Au premier moment, Monseigneur, où j'ai été amené à examiner cette question, je me suis trouvé dans la même position que le parlement de Provence qui, à la suite d'un simple démêlé particulier entre un négociant de Marseille et le père Lavallette, fut amené à se saisir de toutes les règles des jésuites, et à porter dans ce code (jusque-là foyer obscur) une investigation lumineuse et sévère. A l'égard des jésuites, je suis amené de même à rechercher, non plus en eux, mais hors d'eux, la puissance qui les a introduits, et qui, après les avoir introduits en infraction de nos lois, continue à les autoriser à d'autres infractions.

Ce n'est pas assez; cette puissance qui les a introduits, que veut elle par-là? que prétend-elle? quelles sont ses doctrines? quel est son but? quelle est sa marche? Quand on traite ces questions avec M. Fryassinous, il vous reproche de lui opposer seulement des rumeurs : *Mecum rumoribus pugnas*. Il demande des raisons ; je ferai mieux, je lui alléguerai des faits ; je ferai mieux encore, je lui alléguerai ses propres aveux.

Et d'abord, quelle est la puissance en France qui a osé, qui a pu introduire les jésuites? La solution de cette première question me paraît facile. En instruisant cette affaire, comme je le ferais devant une Cour de justice, ce que j'observerai avant tout, c'est que les jésuites sont une milice particulière du Pape; et alors je dois produire, comme première pièce probante, la bulle du pape Pie VII, qui rétablit cet ordre, non pas seulement dans ses domaines de l'Italie, mais dans toute la chrétienté.

On peut remarquer d'abord la précipitation avec laquelle a été prise cette mesure.

Lorsque le pape Clément XIV, de glorieuse mémoire, se décida à la suppression des jésuites, on sait le soin qu'il mit à la recherche des faits, le temps qu'il y employa, les précautions qu'il prit pour s'assurer du consentement et de l'approbation des cours chrétiennes. Pour défaire une telle œuvre, il semble que les mêmes soins auraient dû être donnés, les mêmes précautions prises; point du tout. Pie VII est à peine de retour à Rome, que sans aucune information préalable, il rétablit une institution que son anti-prédécesseur, Ganganelli, avait supprimée, que son prédécesseur immédiat, Pie VI, n'avait pas voulu rappeler, et contre laquelle toute l'Europe chrétienne avait prononcé des condamnations juridiques.

Les termes de ce rétablissement sont aussi curieux que le rétablissement même.

Il ne suffit pas au souverain pontife de

rendre à cet ordre les mêmes règles, les mêmes prérogatives qui lui avaient appartenu autrefois; il prétend l'imposer en cet état à toutes les nations qui l'ont proscrit.

« Nous ordonnons que les présentes lettres sortiront leur plein et entier effet, qu'elles ne seront soumises à aucun jugement ni révision de la part d'aucun juge, de quelque pouvoir qu'il soit revêtu. Qu'il ne soit permis à personne d'enfreindre ou contrarier, par une audacieuse témérité, aucune des dispositions de cette ordonnance; que si quelqu'un se permettait de le tenter, qu'il sache qu'il encourra l'indignation du Dieu tout-puissant et des saints apôtres Pierre et Paul. Donné à Rome, à Sainte-Marie-Majeure, le 6 août 1814. »

Actuellement, encore que la France toute chrétienne soit remplie de vénération pour le Saint-Siége, je sais qu'elle s'est arrangée, depuis long-temps, pour réduire à leur juste valeur ces injonctions, formules ordinaires des actes de l'autorité pontificale; et alors, comme la bulle que je viens de mentionner n'a point été reçue en France, il s'ensuit qu'elle y est sans force, et que, sans un véritable délit, personne ne peut la mettre à exécution.

A merveille; mais je parle ici de la France civile et politique : à côté de celle-ci, s'il s'en trouve une autre toute ecclésiastique, composée d'hommes qui, comme va nous le dire M. Frayssinous, sont prêtres *avant tout*, et qui, en cette qualité, mettent *avant tout* les ordonnances du Pape, tiennent peu de compte de nos institutions et de nos lois, on commencera à comprendre comment, sans s'embarrasser, ni des anciens arrêts des parlemens, ni des édits de nos rois, ni même d'une ancienne bulle du Pape (celle-ci reçue légalement), les jésuites, qui s'étaient déjà introduits furtivement en France, ont fini par y être appelés positivement.

C'est ce que confirme, d'un côté, la lettre du révérend père Fortis, général de l'ordre, à M. le maire de Chambéry, dans laquelle il est fait mention de la *multitude de demandes qui lui sont adressées de France, et auxquelles il ne peut suffire*. C'est ce qu'établit encore mieux le discours de M. Frayssinous à la Chambre des députés, par lequel il est révélé que ces demandes proviennent *des évêques et des archevêques.*

D'un autre côté, lorsqu'on sait, par les mêmes aveux de M. Frayssinous, que toute notre jeunesse cléricale est enivrée des doctrines ultramontaines, que pour cette jeunesse, et selon ses doctrines, le Pape est, non-seulement infaillible quant au dogme, mais, ainsi que le disent les ultramontains, que sa puissance est au-dessus de toutes les puissances, en ce qui concerne le clergé supérieur; quand on sait que les cardinaux de France, un grand nombre d'évêques et archevêques, ainsi que des théologiens renommés, ont prononcé ces doctrines dans des lettres, des mandemens, des expositions de foi, que le conseil d'État et les tribunaux se sont crus obligés de repousser; quand on sait que ces dispositions, qu'il est honorable de n'attribuer qu'à une faction que j'appelle le *parti prêtre*, sont tellement devenues dominantes, que dans une démarche, où il s'est agi de reconnaître l'indépendance de la puissance royale (démarche que les circonstances rendaient nécessaire), les évêques de France n'ont osé ni nommer ni reconnaître la fameuse déclaration de 1682 : on sait à quoi s'en tenir sur la nature de la puissance qui, en dépit de nos lois anciennes et de nos lois nouvelles, en dépit des décisions du barreau, des arrêts des Cours royales, de la dernière admonition de la Chambre des pairs, continue à attirer et à appeler à l'instruction publique des hommes que le sol de la patrie ne devrait pas même connaître.

Cette puissance qui s'est formée dans le sein du clergé est ce que j'appelle le *parti prêtre*, en ce qu'il est occupé non, comme il devrait l'être, des intérêts religieux, mais seulement de ceux du sacerdoce.

A ce mot de *parti prêtre*, j'ai pu m'apercevoir souvent de l'embarras qu'éprouvent un grand nombre d'amis de la religion, qui tout en improuvant la conduite de personnages respectables par leur caractère, alors même qu'ils ne le sont pas par leurs œuvres, ne savent comment exprimer cette improbation. Il en est qui, dans cette improbation, n'osent pas même prononcer le mot *prêtre*. D'autres voulant ménager les parties hautes de cette sphère auxquelles ils donnent des éloges avec enthousiasme, quelquefois avec fadeur, se jettent par compensation sur le jeune clergé auquel, à l'exemple de M. Frayssinous, ils imputent tous les torts; comme si des jeunes gens qui commettent en ce genre de grandes fautes, ainsi que je le dirai bientôt, étaient les principaux coupables de ces fautes, plutôt que les évêques mêmes et les supérieurs des séminaires, qui en dictent les leçons et qui en donnent l'exemple.

Pour moi, ce n'est pas cette bonne jeunesse cléricale que j'accuserai. Je l'excuserai bien plutôt. C'est à la tête de cette hiérarchie que je porterai mes accusations, et non pas à la base. Avec la même voix qui au milieu du concile de Trente fit retentir ces redoutables paroles : *Eminentissimi cardinales eminentissimâ egent reformatione ;* je répéterai que les éminens cardinaux d'aujourd'hui ont encore plus besoin de réformes que ceux d'autrefois. Là et dans la sphère qui l'avoisine, je signalerai une coterie particulière qui quelquefois avec les formes de la soumission et du patelinage, quelquefois aussi ouvertement et franchement, travaille à se rendre maître de toutes les voies.

Sous Louis XIV, c'est-à-dire sous le gouvernement absolu, ce parti était assez content de proclamer contre les papes les libertés de l'Église gallicane; au moyen du monarque, il tenait dans ses mains celles de la nation; c'est ce que Bossuet confesse ouvertement. Depuis que l'autorité royale s'est circonscrite dans une Charte, ne pouvant s'appuyer du pouvoir absolu dans le Roi, il a fallu l'aller chercher dans le Pape. Dominer la France et son Roi par le Pape, ne pouvant la dominer autrement, a été le but et le vœu de ce parti.

Les missions, les jésuites, les congrégations politiques et les congrégations religieuses sont entrées dans ce plan. De cette manière on s'est emparé du gouvernement, des places, de la faveur; on a façonné, ainsi que je le montrerai bientôt, tout le clergé inférieur, à ces doctrines et à ces manœuvres; on a mis surtout de l'importance à se saisir de l'éducation.

Vous voyez, Monseigneur, que ce plan est vaste. Je vais le suivre dans toutes ses parties. Je commencerai par l'instruction publique.

CHAPITRE III.

DE L'UNIVERSITÉ. — BASES DE CETTE INSTITUTION. — ELLE EST FRAPPÉE ARBITRAIREMENT DANS TOUTES SES BRANCHES.

Depuis long-temps, je savais que le grand objet du parti prêtre (dans l'émigration même il ne s'en cachait pas), c'était de s'emparer de l'éducation. Sous Bonaparte c'était difficile. Après quelques essais on y renonça. A la Restauration, le parti avait naturellement plus d'avantage; il eut aussi plus de succès. L'Université devint tout-à-coup un point de mire. Il convient de connaître d'abord sur quelle base repose cette institution.

Dans l'état actuel des choses, sa loi fondamentale est du 10 mai 1805. Elle porte:

« Il sera formé sous le nom d'Université, un corps chargé *exclusivement* de l'enseignement et de l'éducation publique. »

Il est vrai que cette loi est toute impériale, mais la Charte l'ayant reconnue, elle est demeurée loi de l'Etat; je vais montrer comment le parti prêtre s'efforce à la faire tomber.

Et d'abord, au premier moment où Louis XVIII fut sur le trône, il lui fut représenté, avec une grande apparence de raison, que les écoles de l'Université étant imprégnées d'un système mondain, en grande partie même militaire, le clergé dépourvu alors de sujets trouvait dans un tel fonds peu d'élémens propres à sa restauration. Louis XVIII ayant égard à ces représentations, il en résulta l'ordonnance suivante. Elle est du 5 septembre 1814.

« Ayant égard à la nécessité où sont les archevêques et évêques de notre royaume dans les circonstances difficiles où se trouve l'Eglise en France, de faire instruire dès l'enfance des jeunes gens qui puissent entrer avec fruit dans les grands séminaires, et désirant leur procurer les moyens de remplir avec facilité cette pieuse intention, ne voulant pas toutefois que les écoles de ce genre se multiplient sans raison légitime, sur le rapport de notre ministre secrétaire-d'Etat de l'intérieur nous avons ordonné et ordonnons ce qui suit :

» Art. 1ᵉʳ. Les archevêques et évêques de notre royaume pourront avoir dans chaque département une *école ecclesiastique* dont ils nommeront les chefs et les instituteurs, et où ils feront élever et instruire dans les lettres des jeunes gens destinés à entrer dans les grands séminaires. »

L'art. 4 porte : « Que les élèves de ces *écoles ecclésiastiques* sont exempts de la rétribution ordinaire due à l'Université; l'art. 5, que le grade de bachelier doit aussi leur être conféré gratuitement. »

Vous savez comme moi, Monseigneur, que cette ordonnance, en ce qu'elle déroge à la loi générale de l'Université, ne peut avoir de valeur. Il est de principe que les ordonnances n'ont pour objet que l'exécution des lois. Cette vérité fut reconnue du Monarque qui ne la fit pas même insérer au Bulletin des Lois. C'est ce que confirme l'ordonnance du 17 février 1815.

« Voulant (dit le Monarque) nous mettre en état de proposer le plutôt possible aux deux Chambres les lois qui *doivent fonder* le système de l'instruction publique. »

L'ordonnance du 15 août de la même année revient sur cette disposition.

« Voulant (dit le Monarque) surseoir à toute innovation dans le régime de l'instruction publique, jusqu'au moment où des circonstances plus heureuses que nous espérons n'être pas éloignées, nous permettront d'*établir par une loi* les bases d'un système définitif. »

L'ordonnance du 1ᵉʳ novembre y revient de nouveau.

« Voulant établir sur des bases plus fixes la direction et l'administration d'un corps enseignant et *préparer* ainsi *son organisation définitive.* »

Ces déclarations royales, cette reconnaissance expresse de la nécessité d'une loi pour déroger à une loi, n'étaient pas seulement de forme. De tous côtés s'élevaient des plaintes. Ces plaintes qui souvent m'ont été communiquées, portaient de la part de l'Université sur deux chefs. Le premier, c'est qu'en renversant sur plusieurs points et par des ordonnances subreptices, l'état légal et fondé de l'Université, l'existence entière de ce corps était menacée. Recevant chaque jour des mutilations, au bon plaisir d'une coterie particulière, l'Université ne savait où ces mutilations s'arrêteraient. Frappée arbitrairement tantôt à la tête, tantôt aux membres, elle n'avait plus pour son existence la sécurité nécessaire à toute existence.

D'un autre côté, ce n'était pas assez d'avoir créé à côté de l'Université (contre le texte même de la loi) une institution rivale ; ces écoles nouvelles, libérées de la juridiction ainsi que des rétributions universitaires, devenaient tout-à-fait prépondérantes. A une concurrence déjà illégale, s'ajoutait une inégalité qui ne laissait même plus lieu à la concurrence.

De la part du public d'autres plaintes s'élevèrent.

Depuis long-temps j'avais été informé qu'à Rome, à Paris, dans les congrégations, dans les comités de conscience et dans ceux des jésuites, on s'agitait à l'effet de faire donner l'instruction publique, si ce n'est immédiatement aux jésuites, du moins aux prêtres. Quand le public fut instruit de ces dispositions, il ne fut pas d'abord très-alarmé. On savait que Louis XVIII résistait à ce plan. A la fin, la santé de ce monarque commençant à décliner, et la police de Paris, la police générale, les postes, toute l'administration ayant été emportées, l'Université le fut aussi. On eut dans l'Université une irruption de prêtres; et M. Frayssinous avec eux.

Ici, Monseigneur, en évitant un extrême, il faut prendre garde de tomber dans un autre. De tout temps, et je reviendrai probablement sur cette pensée, il y a eu dans les diverses parties de l'Université d'honorables prêtres qui, portés par une vocation particulière vers l'étude des sciences, ont été justement recherchés pour l'instruction publique. J'ai connu et je connais encore un grand nombre de ces hommes qui ont illustré les écoles, en même temps qu'ils ont conservé l'honneur de leur caractère. Ici cependant il faut faire une observation; c'est que, dans ce cas, si le caractère de prêtre est une garantie de plus pour l'éducation et pour les mœurs, c'est comme savans, comme hommes de lettres, plutôt que comme prêtres qu'ils sont recherchés. Dans le système d'aujourd'hui, au contraire, c'est *avant tout* comme prêtres qu'on les recherche.

La pièce suivante, qui est une lettre adressée par M. Frayssinous aux archevêques et évêques du royaume, ne laisse à cet égard aucun doute.

« Depuis que Sa Majesté m'a fait l'insigne honneur de m'élever au poste redoutable de grand-maître de l'Université, j'ai été vivement frappé de deux pensées : la première, que *l'éducation est une chose plus morale et religieuse, que littéraire et scientifique.* La seconde, que, pour faire refleurir la piété et les bonnes mœurs dans les établissemens d'éducation publique, il faut que le zèle et les efforts continuels des principaux fonctionnaires de l'Université *trouvent un appui dans l'assistance du clergé*, et surtout de ces premiers pasteurs qui gouvernent avec autant de sagesse que de dévouement les diverses portions de l'Eglise de France. Sans doute, il importe d'ouvrir devant la jeunesse la carrière des connaissances humaines, et de donner à leur esprit un essor généreux, pour la rendre capable d'exercer avec honneur les différentes professions qui partagent la société; mais il *importe encore plus de la prémunir par des habitudes vertueuses, contre l'abus des lumières et des talens.* » (Moniteur.)

Ce plan une fois dévoilé, on comprend l'impression qu'il a dû faire dans le public, et principalement sur la multitude de laïques qui s'étant engagés depuis long-temps dans l'enseignement, l'avaient regardé comme une carrière. J'ai vu les écoles retentir de murmures et frappées d'une sorte de stupeur.

Après avoir cherché par toutes sortes de dégoûts à éloigner les laïques de l'Université, une circonstance particulière a préservé ces dispositions d'un effet complet. Les évêques, sollicités pour fournir des sujets, ont répondu que même pour le service de leurs églises, ils étaient dans la pénurie; il a fallu renoncer alors à l'exclusion qu'on avait méditée. Quant à l'institution même de l'Université, on n'a, pour juger de sa situation, qu'à énumérer les attaques qui lui ont été portées.

Une foule de petits séminaires ont été institués, à ce qu'on a dit, comme *écoles ecclésiastiques* dans un objet *ecclésiastique*, et cependant gouvernés contre l'objet de leur institution dans un mode laïque, à l'effet de les mettre en concurrence avec les colléges laïques.

Dans cette concurrence, nulle égalité conservée du côté de l'argent, puisqu'ici on paie des rétributions, et que là on n'en paie pas. D'un autre côté, nulle égalité du côté de la faveur; étant connu que tout ce qui sort de Saint-Acheul, de Mont-Rouge et des autres établissemens jésuitiques, a partout des avantages et le premier pas.

Il restait le petit avantage de pouvoir enseigner des élèves externes. L'exemple du collége de Billom montre que les écoles de l'Université en sont encore dépossédées.

C'est ainsi qu'un glaive à la main, M. de Frayssinous, exécuteur des hautes œuvres du *parti prêtre,* ne cesse de blesser dans toutes les parties le corps de l'Université, sans qu'on sache encore précisément si sa volonté est de le faire périr, ou seulement de l'affaiblir pour le donner aux jésuites, en faire ensuite de concert avec eux un nouvel élément de domination.

On ne pourra pas dire que ce sont ici des craintes vagues : elles ressortent de la nature des choses. Les faits viennent les confirmer. Ils ont été proclamés à la tribune de la Chambre des députés, sans que personne les ait contredits.

« Il est avéré, a dit M. Méchin, que le collége de Sèvres a disparu, parce qu'il était en concurrence avec le petit séminaire, lequel est dispensé de la rétribution universitaire. D'un autre côté, il est avéré que le collége royal de Caen, un des plus florissans de ce royaume, a été réduit de trois cents élèves à quatre-vingts par l'effet de la même concurrence avec le petit séminaire. » (*Moniteur.*)

Pour ce qui me concerne, je puis affirmer que dans diverses proportions, il en est de même de tous les colléges placés dans le voisinage des petits séminaires, et principalement des petits séminaires de jésuites.

CHAPITRE IV.

INTERPELLATIONS ADRESSÉES A MONSEIGNEUR D'HERMO-
POLIS PAR MM. SÉBASTIANI ET HYDE DE NEUVILLE. —
RÉFLEXIONS A CE SUJET.

J'ai fini relativement à l'Université. J'ai actuellement à rechercher sur d'autres points l'esprit d'envahissement du *parti prêtre* ; auparavant, il est bon d'entendre sur ce sujet M. de Frayssinous.

« Loin de nous, dit ce prélat, cet esprit de domination qui se trahirait par des paroles fastueuses, par des manières hautaines, par des personnalités offensantes ! Mais il est un ton, un langage *d'autorité*, qui appartient au prêtre de la loi nouvelle, qui est la suite inévitable du ministère céleste qu'il remplit. (*Moniteur*.) Si l'on veut que le prêtre soit dans le temple comme une idole qui a des yeux pour ne point voir, des oreilles pour ne pas entendre, et une bouche pour ne rien dire ; si l'on veut que son ministère soit sans influence ; si l'on veut, à force de mensonge, nous entourer de haine et de mépris ; que l'on commence par faire de nous une classe d'ilotes, en attendant qu'on puisse en faire une classe de victimes. (*Débats.*) Messieurs, je le demande, à quoi peuvent aboutir tant d'exagérations, tant d'attaques irréfléchies contre le clergé! A rien autre chose qu'à semer de fausses et dangereuses alarmes. On met des fantômes à la place des réalités... » (*Moniteur.*)

Voilà sans contredit un singulier discours et de singulières plaintes. Je me garderai bien d'appeler de son véritable nom la hardiesse de ces paroles : je sens que, même au prix d'une portion de vérité, le caractère de celui qui les prononce mérite des ménagemens. Ces paroles n'ont pas laissé de faire impression à un homme dont j'ai l'habitude d'estimer le talent autant que j'honore son caractère. M. le comte de Lézardière a admiré le discours de M. d'Hermopolis ; il lui trouve une grande franchise. A cet acte de foi et d'admiration, je me contenterai d'opposer la réponse faite aussitôt à la tribune par un autre honorable député. M. le comte Sébastiani a fait à M. d'Hermopolis les interpellations suivantes :

« N'est-il pas vrai que des questions politiques ont été traitées dans des mandemens, que ces mandemens ont été déférés au conseil-d'État, et que cependant les évêques dont ils sont émanés ont reçu des récompenses qui les ont appelés au conseil du prince ? Vous nous reprochez de vous combattre avec des fantômes. Les actes des tribunaux, les délibérations de la Chambre des pairs sont des faits récens, des faits connus. Il ne s'agit pas là de fantômes ou de faits imaginaires. »

M. le comte Sébastiani fait observer « qu'il eût été utile d'expliquer ces faits, d'en combattre la vérité, ou du moins les conséquences, si cela eût été possible. » Il ajoute avec raison *qu'une telle explication eût été utile à la religion et à l'État.*

Cette explication n'a pas été donnée ; elle ne pouvait pas l'être, les faits sont ici trop nombreux et trop évidens. Je prie Votre Excellence de se rappeler la déclaration faite à ce sujet par M. le comte Hyde de Neuville.

« C'est un fait, Messieurs, que dans la minorité du clergé, et surtout hors de son sein, il existe des hommes qui travaillent à mettre en circulation une doctrine impie, sacrilége, hérétique, qui tend à ébranler les trônes, à favoriser les dangereux principes de la souveraineté des papes, à rendre douteuse, incertaine et surtout conditionnelle, la puissance légitime des rois. C'est un fait que jamais à aucune époque de notre histoire, cette doctrine anti-sociale, anti-française, anti-monarchique, avant tout anti-chrétienne, ne fit plus de progrès, ne se montra avec plus d'assurance, disons avec plus d'audace. C'est un fait qu'il existe en France des associations illicites, c'est-à-dire des sociétés défendues ou non autorisées par nos lois. Nier ce fait, c'est accuser la Chambre des pairs qui l'a proclamé; c'est accuser notre magistrature qui l'a constaté; c'est accuser le ministre qui en a fait l'aveu, c'est accuser la France entière qui le dit, qui le crie; c'est contester l'évidence; c'est nier la lumière en présence du jour. C'est un fait, Messieurs, que parmi les associations illicites, il en est une qui se cache, et qui par cela seul tourmente, agite davantage les esprits. On ne la voit nulle part; on la dit, on la voit, on la rêve partout. C'est un fait qu'une congrégation a juste titre célèbre, qui tout en se montrant peu, paraît destinée à faire toujours beaucoup de bruit, s'est formée, s'est relevée d'elle-même au milieu de nos orages politiques, contre la loi de Rome qui la proscrivait alors, contre les lois du royaume qui la proscrivent encore. Toutefois, Messieurs, la question des congrégations et des jésuites n'est aujourd'hui que secondaire. Il s'agit d'un intérêt autrement grave. Il s'agit de savoir (et c'est là, Messieurs, il ne faut pas se le dissimuler, une des causes de notre maladie), il s'agit de savoir si l'ordre illégal pourra s'élever impunément à côté de l'ordre légal; il s'agit de savoir si les ministres sont au-dessus du Roi et des Chambres, et s'ils pourront de leur plein vouloir, autoriser, protéger, tolérer ce que la loi défend. Soyez pour l'affirmative, et de suite vous ébranlez le trône, vous déchirez la Charte, vous compromettez nos plus chers intérêts, vous appelez l'anarchie en favorisant l'arbitraire, et pour tout dire, vous livrez l'avenir de la France au carbonarisme et à la ligue. » (*Moniteur.*) Que M. d'Hermopolis nous parle après cela de *fantômes*, *d'accusations*, *d'attaques irréfléchies*, du projet de faire *du clergé une classe d'ilotes, en attendant qu'on puisse en faire une classe de victimes*; qu'il nous dise que le clergé ne veut pas être une *idole muette*, et toutes les autres pauvretés qui se trouvent dans son discours; mais aussi que dire, quand on n'a rien à dire! Que répondre à des interpellations aussi précises, à des allégations aussi nombreuses et aussi positives!

A ce sujet, je vous prierai, Monseigneur, de remarquer combien il y a de ménagement de la part de ces deux orateurs dans leurs discours. Vous avez vu comment M. Hyde de Neuville n'ose pas même nommer le clergé, mais seulement *la minorité*. Il ajoute : *Et surtout hors de son sein*. Ailleurs : « Gardons-nous, Messieurs, dit-il, de vouloir faire retomber sur notre Eglise gallicane les fautes, les erreurs, les extravagances de quelques hommes aveugles et passionnés. Cessons de la rendre responsable de *l'inexpérience de ces jeunes prêtres*, *dont le zèle trop ardent n'a besoin que d'être éclairé.* »

M. le comte Sébastiani ne montre pas moins de timidité que M. Hyde de Neuville. Se réduisant aux simples généralités que j'ai rapportées, « je crains, dit-il, de citer des faits qui ne pourraient dans aucun cas être produits à la tribune, sans manquer à la dignité de nos discussions. Il ajoute : *Et surtout sans compromettre la religion divine qu'ils outragent.* »

J'ai besoin de m'expliquer sur des observations aussi graves de la part d'hommes aussi importans.

Et d'abord M. Hyde de Neuville nous dit que les écarts appartiennent, non à l'ensemble du clergé, mais à une *simple minorité*. Il les attribue, non aux chefs et aux supérieurs de l'ordre, mais seulement *à une jeunesse indisciplinée*. Accoutumé comme je le suis à priser toutes les paroles, à adopter toutes les doctrines de ce grand orateur, je voudrais écarter comme lui des sommités du clergé les reproches qu'il détourne sur sa base. Cependant, il faut que cela soit juste et que cela soit possible. Mon Dieu ! est-ce que je me trompe ? N'est-ce pas un cardinal qui, en dépit de nos lois qui les repoussent, s'est mis récemment à prôner l'institution des jésuites à la Chambre des pairs ? N'est-ce pas un autre cardinal qui a donné l'exemple de la désobéissance aux ordres du Roi, signifiés par un ministre du Roi ? N'est-ce pas un autre cardinal qui s'est mis à prôner partout, et à fonder des congrégations religieuses en fraternité avec les congrégations politiques ? Ne sont-ce pas de tous côtés des évêques et des archevêques qui appellent des établissemens de jésuites ?

L'inexpérience des jeunes prêtres a besoin d'être éclairée. On accuse leur zèle trop ardent! Mais qui instruit ces jeunes prêtres ? Qui excite leur zèle ? Ne sont-ce pas les évêques et les supérieurs des séminaires ? Au sortir de ces séminaires, Dieu a encore, j'en conviens, la première place ; mais s'ils se mettent immédiatement après ; s'ils se comparent à Jésus-Christ même selon ces paroles, *sicut misit me pater et ego mitto vos ;* ou s'ils se contentent de se croire simplement ses ambassadeurs, selon ces autres paroles, *pro Christo legatione fungimur;* si, en cette qualité, ils font peu de compte des misérables lois humaines, ainsi que des misérables commandemens des souverains de la terre, à qui est-ce la faute, si ce n'est à des supérieurs qui, au lieu de leur recommander la modestie et l'obéissance au nom de celui qui a dit : *Apprenez de moi que je suis doux et humble de cœur : Il faut rendre à César ce qui appartient à César;* sont sans cesse à exalter les prétentions de leurs élèves, par des discours arrogans et ampoulés? *Loin de nous*, dit M. Frayssinous, *cet esprit de domination qui se trahirait par des paroles fastueuses!* Que fait-il autre chose, lui et ses pareils? Peuvent-ils ignorer que c'est ainsi qu'on enfle partout l'esprit de domination dans la jeunesse cléricale, et qu'on autorise les désordres!

Je viens actuellement à M. le comte Sébastiani. D'un côté, il craint, par le détail des faits, de manquer à une certaine dignité de discussion; d'un autre côté, il craint que ces faits mêmes ne compromettent la religion.

Je dois m'arrêter principalement sur ce dernier motif; il me parait juste, dans le cas où des faits particuliers qui compromettent la religion, seraient désavoués, censurés, réprimés par les supérieurs ecclésiastiques. A cet égard, Monseigneur, si quelque chose de mes derniers écrits est parvenu jusqu'à vous, il vous aura été facile de remarquer que parmi tous les faits, soit d'intempérance, soit de quelque apparence de cupidité, soit de quelque faiblesse dans les choses de la chair, il ne m'est arrivé, dans aucun cas, d'en faire mention. Il est probable que par ma position, je puis avoir, comme un autre, connaissance de ces faits; c'est comme si je ne l'avais pas : dans tous les cas, je voudrais, comme un saint Roi, les couvrir de mon manteau. Ce n'est pas assez, je dois déclarer, et je le fais avec une grande satisfaction, que dans les points qui sont le plus généralement pour le monde un objet de blâme, le sacerdoce en France n'a jamais été plus pur. Mais ce n'est pas seulement en raison de leur petit nombre que les exemples de ce genre ne doivent pas, selon moi, être mis en lumière; c'est parce que (et cette considération ici est déterminante) ces écarts de pure faiblesse sont toujours soigneusement recherchés par les supérieurs et sévèrement réprimés. Je n'ai jamais aperçu de leur part, sur ce point, ni complaisance, ni connivence.

Que ne puis-je en dire de même des écarts d'un autre genre? Je parle de ceux qui tiennent à un esprit obstiné d'envahissement et de domination. Lorsque ces écarts, au lieu d'être désavoués comme des délits, sont au contraire prônés comme compris dans les fonctions de ceux qui les commettent; lorsqu'au lieu d'être réprimés par les supérieurs avec sévérité, ils sont au contraire autorisés, favorisés comme un droit d'apostolat, selon un de nos prélats, *sicut misit me pater et ego mitto vos*, ou comme un privilége de l'auguste légation de Jésus-Christ, *pro Christo legatione fungimur;* enfin, sous ce prétexte, même dans les plus grands excès où il devient indispensable de les censurer, si on se restreint à les blâmer, non comme des fautes, mais comme des imprudences, j'en demande pardon à l'honorable et éloquent général, qui croit alors devoir garder le silence; se taire sur de tels faits, vouloir leur porter du ménagement, ainsi qu'aux doctrines sur lesquelles ils s'appuient, ce n'est pas servir, comme il le croit, la religion qu'ils outragent, c'est provoquer sa ruine.

Pour ce qui est de la crainte de manquer d'une certaine dignité, je conviens de tout ce que les détails en ce genre peuvent avoir de fastidieux. Mais si la tribune d'une assemblée ne peut les supporter, je compte de la part de Votre Excellence sur un peu plus d'indulgence. Elle n'oubliera pas que, de toute manière, elle est constituée juge dans cette cause. Je me trouve dès-lors auprès d'elle, dans la position où je serais auprès d'un magistrat, chargé d'une information juridique. Dans ce cas, le rapport des faits en détail, ainsi que celui des pièces de conviction, peut sûrement n'avoir rien d'agréable; il n'en est pas moins indispensable.

Dans un précédent écrit, j'ai annoncé avoir à ma disposition une liasse de cinq cents faits; je pourrais en produire aujourd'hui cent mille. A cet égard, si la multitude forme un argument décisif, l'exposition qui va se prendre dans une multitude de détails minutieux, n'en est que plus embarrassante. Ils se composent principalement

CHAPITRE V.

ABUS DE LA CONFESSION. — RÉVÉLATIONS INDIRECTES. — FAITS NOUVEAUX RELATIFS AUX MARIAGES. — BALS. — SPECTACLES. — DANSES. — VÊTEMENS.

A commencer par l'abus de la confession, je conviens que cette accusation est grave; elle porte sur une des pratiques les plus augustes de notre sainte religion.

Sous le paganisme, l'homme en proie au remords, n'avait plus de refuge; on le regardait comme abandonné aux furies; la puissance de Jupiter n'était pas toujours jugée capable de le préserver. Le christianisme a rendu facile l'opération d'un miracle que le paganisme était tenté de contester à la puissance divine.

Dans ce mystère, tout n'est pas impénétrable. Je commencerai par quelques réflexions générales.

En lisant dans un journal les détails d'une conversation d'un grand souverain du Nord avec un de nos ambassadeurs, je me souviens que l'ambassadeur lui demandant la permission d'assister à un de ses commandemens de manœuvres, ce souverain répondit : *Demain, si aujourd'hui je suis un peu content de moi.* Mon Dieu ! il y a donc, dans des choses qui appartiennent seulement à l'esprit ou au talent, des positions où même un souverain peut n'être pas content de soi.

En vous portant dans les rangs inférieurs, demandez à ce poëte, à ce peintre, à Rossini lui-même, s'il est toujours content de lui. Un mécontentement intérieur peut donc s'établir en nous de ces alternatives de supériorité et d'infériorité que nous nous reconnaissons.

Hélas ! est-ce le seul point où nous ayons à nous apercevoir de notre misère ! Est-ce seulement dans des choses frivoles que nous ayons à déplorer la perte subite de notre propre estime ? Saint Paul dit : *Je fais le mal que je ne veux pas ; je ne fais pas le bien que je veux.* Un poëte dit : *Video meliora, proboque, deteriora sequor.* En prononçant ces paroles, ni le poëte, ni l'apôtre n'étaient contens d'eux.

Ici, ce n'est pas, comme dans les choses de talent, une simple vanité blessée; c'est l'ame elle-même, c'est la conscience qui est atteinte. Dans ces oscillations de force et de faiblesse, de grandeur et de misères, si notre accord moral, cette harmonie intérieure, premier élément de la vie, a été légèrement atteint, un peu de mécontentement, une simple tristesse peuvent en être la suite; mais si l'infraction a été grave, si elle a mis comme en deux parts notre vie présente et notre vie passée, quand ces deux parts cherchent à se reprendre, si elles ne peuvent y parvenir, que deviendrons-nous? Comment échapperons-nous à cette crise morale, à cette fièvre de l'ame, suite d'une grande faute?

Si alors un prêtre, cet ami du mourant, ce consolateur du malheureux, ce protecteur du coupable, se présente à vous, le repousserez-vous? Tout ainsi que Jésus-Christ s'est placé comme médiateur entre son père irrité et la révolte d'un monde idolâtre; de même le prêtre a été placé entre le ciel et le coupable pour amortir par sa sainteté les coups de la colère céleste. Si, demeurant dans les limites de son ministère, le prêtre se contente de vouloir être, non votre juge, mais votre interprète; si, semblable au notaire qui, en dressant les actes de votre volonté, leur imprime le sceau du Roi et non le sien; si, semblable au magistrat qui rend non ses propres arrêts, mais seulement ceux du Roi et de la loi, il vous réconcilie avec vous-même et avec Dieu; si, par ce moyen, les plaies que vous avez faites à votre ame viennent à se cicatriser, et qu'après avoir été délivré de la furie du remords, vous sentiez comme une nouvelle vie revenue et rétablie en vous; quelles augustes fonctions ce prêtre ne vous paraîtra-t-il pas exercer, quel droit n'aura-t-il pas à vos respects et à votre reconnaissance ?

Toutefois, que ce prêtre, revêtu d'un si imposant ministère, prenne bien garde à lui. Cendre et poussière comme nous, il peut lui-même abuser comme vous avez abusé; il peut vouloir étendre hors de ses limites, le ministère qui lui a été donné.

C'est ce qui arrive sans cesse; c'est ce que, dans les rapports divers du sacerdoce actuel avec la société, je suis forcé de reconnaitre, et par-là même d'accuser.

La confession, telle que les apostoliques instituteurs l'ont entendue, semble n'avoir eu pour objet que ces larges fautes, crimes, ou approchant du crime. Pour un grand plan de domination, cette surface était trop resserrée. Depuis long-temps, et surtout depuis l'apparition des missions, des congrégations et des jésuites, elle s'est étendue, et bientôt elle a tout envahi, elle est devenue la source d'une multitude d'abus : non-seulement, comme je m'en suis assuré, dans les rapports directs du confesseur et du confessé, où les recherches, les investigations de fantaisie ou de curiosité, pour ne rien dire de plus, sont devenues continues et intolérables; mais encore, comme je m'en suis assuré aussi, dans les rapports de prêtre à prêtre; non pas qu'il y ait jamais à cet égard violation expresse, je ne le crois pas; mais les violations indirectes me paraissent innombrables. Ici, un jeune vicaire, sous prétexte de s'instruire auprès de son curé, le curé lui-même auprès de son supérieur, au sujet des règles qu'il a à suivre dans tel ou tel cas, étale tellement les détails de ces cas et les confidences qui lui ont été faites, que dès ce moment l'intérieur d'une famille est à découvert. Sans doute alors, on conservera encore quelques réticences; mais on sent qu'il reste peu de peine pour deviner un problème dont la plupart des inconnus sont déjà en évidence.

D'après ces rapports continus, soit des prêtres entre eux, soit avec leurs supérieurs au sujet des confessions qui leur sont faites; d'après toutes les questions que, dans les confessions ou hors des confessions, le prêtre se permet d'adresser aux domestiques sur la conduite de leurs maîtres, aux enfans sur la conduite de leurs parens, on comprend le trouble qui doit en résulter dans la société.

On n'ignore pas que telle a été dans tous les temps la pratique favorite des jésuites. On voit, dans les registres anciens, que les sodalités ou congrégations avaient cette mission expresse. D'après ce que nous savons de l'enregistrement qui a été fait des domestiques et des ouvriers dans certaines cités, sous des prétextes religieux, il est à craindre qu'on ait eu en objet la même pratique. J'ai eu une particulière connaissance en ce genre d'un différend grave survenu entre un jésuite grand pénitencier et son supérieur, au sujet de sa correspondance avec ses pénitens dans divers pays. Il s'agissait à l'égard de ceux-ci de savoir si le supérieur, qui décachetait leurs lettres, en avait le droit. L'affaire portée d'abord au provincial, puis à Rome, ayant été jugée contre les pénitens et le confesseur, celui-ci s'est décidé à quitter l'ordre : faculté qu'il a eu de la peine à obtenir, qu'il a obtenue pourtant.

Ce n'est pas le seul abus que j'aie à noter dans l'emploi que les prêtres, dont je parle, font de la confession.

L'homme étant naturellement fragile, l'Eglise, qui a une particulière connaissance de cette fragilité, a bien voulu lui ménager un appui. Lorsqu'un concile (je crois que c'est le 4e de Latran) a prescrit la confession à tout le moins une fois l'an, il n'a rien fait qui ne fût conforme à notre faiblesse. Il est vrai qu'il ne s'est pas contenté d'imposer la confession; il a imposé aussi un prêtre: circonstance de laquelle peuvent résulter de nouveaux abus; car il ne suffit pas de se confesser à ce prêtre des actes qui sont péchés selon vous, mais encore de tous les actes qui sont péchés selon lui.

En ce genre, on ne peut dire à quel point l'espace a été agrandi. C'est en vain que *l'agneau de Dieu est venu effacer les péchés du monde;* on les a tellement multipliés, que, s'il n'y met sa toute-puissance, il aura peine à remplir sa mission. Toutes les parties de la vie ont été saisies à cet égard.

A commencer par le mariage, je ne parlerai pas, et pour cause, des détails de questions qui sont souvent faites aux personnes mariées, aux personnes même qui ne le sont pas. Je connais de l'ancienne Sorbonne des décisions ridicules sur ce sujet. J'ai vu, de plus, différentes personnes des deux sexes qui ont reçu dans la confession des instructions très-déplacées.

En laissant de côté cet article, que je ne fais que noter pour le moment, on va voir que rien n'échappe à la fabrique nouvelle de péchés destinée à étendre l'influence et le pouvoir du prêtre. Êtes-vous commerçant? on vous entreprend aussitôt sur le prêt à intérêt; on vous permet (vous en sentez la raison) de placer votre argent dans les fonds publics;

mais dans des fonds particuliers, néant. En cas de persistance, refus d'absolution, refus de communion; et ensuite menace de la damnation éternelle, du diable, de l'enfer et de tous leurs accompagnemens.

Cependant je lis dans saint Mathieu, à l'article de la *parabole du Serviteur inutile*, ces paroles même de Jésus-Christ :

« Serviteur méchant et paresseux, vous saviez que je moissonne où je n'ai point semé, et que je recueille où je n'ai rien mis. Vous deviez donc mettre mon argent entre les mains des banquiers, afin qu'à mon retour je retirasse *avec intérêt* ce qui est à moi. »

Je préviens que le *cum usurá* de la *Vulgate* ne veut dire, ni en latin, ni dans le mot hébreu auquel il se rapporte, L'USURE, c'est-à-dire le prêt à intérêt exagéré tel que nous l'entendons; mais le simple intérêt. Il est évident que Jésus-Christ, qui reproche au serviteur de n'avoir pas placé de l'argent à intérêt, n'a pas regardé le prêt à intérêt comme un crime.

Actuellement, si je voulais parler de la danse, des bals, des spectacles, j'aurais à remplir des volumes. Vous sentez, Monseigneur, que je ne puis que citer quelques traits.

Le beau jour de Pâque, j'aperçois un bon jeune homme, triste, confus, humilié, qui, au milieu de ses camarades dans la joie, jeûne au pain et à l'eau. Tout étonné, je me rappelle ces belles paroles de l'Eglise : *Hæc est dies quam fecit Dominus; exultemus et lætemur in eá.* Je crois même, si je ne me trompe, que des conciles ont défendu de jeûner le dimanche, notamment le dimanche de Pâque. J'apprends, en interrogeant ce jeune homme, qu'il a eu le malheur de danser les trois derniers jours du carnaval, et qu'en expiation de ce crime, le curé (son prêtre obligé) l'a condamné à jeûner les trois jours de Pâque.

Voilà la danse proscrite comme le prêt à intérêt. Il en est de même de la comédie, des spectacles, des fêtes balladoires. Que dis-je ! j'apprends que, dans certains conventicules jésuitiques, on a établi comme un péché la promenade dans les places publiques; et particulièrement à Paris, la promenade aux Tuileries.

Ce n'est pas là seulement que se restreint la sphère des péchés ; elle a embrassé jusqu'à nos vêtemens. C'est surtout des vêtemens de femme que nos prêtres veulent bien s'occuper. Je trouve dans notre histoire que, non contens d'excommunier et d'exorciser les nuées, et ensuite d'excommunier et d'exorciser les sauterelles, ils se mirent à excommunier une chaussure particulière appelée la *poulaine*. Dans la jeunesse de mes parens, ils avaient anathématisé je ne sais quelle parure de ruban appelée *fontange*. Dans ma jeunesse à moi, j'ai été témoin d'une grande fureur contre les chapeaux. Aujourd'hui, dans nos montagnes, c'est un vêtement ou ornement particulier, appelé *collerette*, qui excite la frénésie.

Je dis expressément *frénésie*, car vous allez voir, Monseigneur, que, dans cette matière, le *parti prêtre* et tout ce qui marche sur sa ligne, ne se contente pas du droit de législation, il croit devoir exercer aussi le pouvoir exécutif. En attendant la damnation éternelle, accompagnée de tout le menu des diables et du feu dont il vous menace, il se permet sur les personnes même des violences et des sévices inimaginables.

Par exemple : M. le curé ne se contente pas d'anathématiser les collerettes dans sa chaire; il en descend pour les déchirer de sa main sur les personnes même qui les portent; il chasse ensuite ces personnes, avec toutes sortes de violences, de son église.

Il en est de même des bals et de la danse. Le prêtre ne se contente pas de les anathématiser dans ses sermons, il signale les personnes même. « J'avais défendu expressément la danse, dit-il; cependant j'apprends que plusieurs personnes et notamment mademoiselle (il la nomme par son nom). Félicité a été hier au bal. Heureusement pour elle, je ne l'aperçois pas dans cette église; car je descendrais aussitôt de cette chaire pour la chasser..... (il faut ajouter ses propres termes) *à coups de pied au cul.* »

Cette demoiselle Félicité appartient à une famille honorable que je connais; elle avait dansé en effet, conduite par son père, à un bal donné par M. le maire.

Dans d'autres circonstances, ce sont les mêmes violences; et elles vont quelquefois plus loin. Dans une petite ville, où se trouve une grande exploitation de pierres, un homme considérable, voulant encourager cette exploitation et la faire arriver à quelque chose de plus important, envoie de Paris des modèles en plâtre. Cet envoi, qui a pour inconvénient quelques nudités, est admis partout, principalement en Italie. On n'a qu'à entrer dans la sacristie de la cathédrale de Sienne, on trouvera, servant d'antiphonier, un groupe admirable des trois Grâces : ce qui ne détourne en aucune manière de bons chanoines que j'ai vus, leurs lunettes sur le nez, occupés seulement de leur plain-chant.

Dans des lieux où cet usage n'est pas familier, je ne dis pas qu'il ne puisse, de la part d'une piété délicate, donner lieu à quelque crainte, et par-là même à quelque remontrance. Au moins alors, ce ne sera que des remontrances. Que fait le prêtre du lieu ? Il ameute des hommes et des femmes dévotes, avec lesquels il renverse et brise les modèles. Que fait-il dans un autre endroit? Apprenant qu'on danse sur la place publique, il accourt comme un furieux, et s'empare du violon qu'il met en pièces.

Je veux croire que ce n'est pas, comme on l'a dit, sur la tête du ménétrier.

C'est le même homme qui, en dernier lieu, s'est mis à souffleter dans son église des femmes de mariniers. Un de ses voisins a osé, dans l'église même, saisir à la gorge un jeune homme qui s'est défendu à coups de pied. Qu'on ne vous dise pas, Monseigneur, que c'est dans un endroit seulement; c'est ici, c'est là, c'est partout. A Paris même, il est connu qu'une femme d'un rang distingué, étant assise et ayant dans cette position ses jambes croisées, un prêtre a osé venir à elle, et mettre sa main sur ses genoux pour les séparer.

Je vais, Monseigneur, terminer cette série de faits : il le faut bien, car ce serait à n'en pas finir. Que Votre Excellence ne regarde pas ces faits comme des accidens particuliers d'étourderie, d'imprudence et de faiblesse : ils tiennent à un esprit de domination, et par-là même à un vaste système. Si ce n'étaient, comme dans d'autres cas que j'ai mentionnés précédemment, que des faiblesses ou des imprudences passagères, lesquelles, comme je l'ai dit, sont soigneusement surveillées, et, au besoin, sévèrement réprimées par les supérieurs, je me commanderais sur ces choses le même silence que je me suis prescrit sur d'autres. Mais, d'un côté, comme ces faits (je parle toujours des faits d'orgueil et de domination) sont, au lieu d'être réprimés, au contraire favorisés, encouragés, et que ceux qui les commettent sont généralement classés parmi les bons prêtres ; d'un autre côté, comme dans l'état actuel de notre législation, les tribunaux sont souvent sans compétence; comme en ce genre le conseil d'État écarte tout par ses délais, que l'administration amortit tout par ses conflits, il importe que les faits de ce genre, contre lesquels les résistances sont en général décréditées, soient livrés à la publicité.

On se plaint de la publicité que leur donnent les journaux. Il serait à désirer qu'il y eût un journal particulier à cet égard, et qu'il fût continuellement sous les yeux de toutes les autorités ecclésiastiques et civiles. Pourquoi craint-on la publicité? parce qu'on craint le scandale; mais il n'y a évidemment scandale, que parce qu'il y a infraction.

Après nous avoir ôté toute défense du côté des lois, si vous nous ôtez encore toute défense du côté de la publicité, que nous restera-t-il? L'Esprit saint nous dit : « Il est nécessaire qu'il y ait des scandales : *Necesse est ut eveniant scandala.* Ces saintes paroles n'ont jamais eu plus d'application.

Je n'ignore pas qu'il y a une classe nombreuse qui ne veut pas qu'on s'occupe des prêtres. Pour ces personnes, comme la religion n'a aucune importance, les prêtres n'en ont pas davantage. Ne rien blâmer de ce qu'ils font, ne rien croire de ce qu'ils disent: telle est leur doctrine. On connaît le fond de cette doctrine; c'est de l'impiété pure. Il s'agit de savoir si cela convient à des millions de chrétiens, vivant sous les lois de l'Evangile, voulant suivre les préceptes qu'il prescrit, mais ne voulant pas être continuellement à la merci de quelques étourdis de prêtres, dirigés par une coterie fanatique, dans un système ambitieux.

Au surplus, Votre Excellence veut-elle connaître le ton de dérision et de mépris que se permettent ces hommes envers de pauvres malheureux chrétiens qui tombent dans leurs mains? Qu'elle se donne la peine de lire la copie de la lettre suivante, dont la minute originale est demeurée long-temps dans mes mains.

« Mon cher (le nom du curé son confrère),

» N'ayant pu, malgré ma bonne volonté, me rendre à l'aimable invitation que tu me fis d'aller à ta fête, à raison de sept malades dont, grâce à Dieu, j'en ai expédié trois, ne va pas t'imaginer que c'est sans peine, car monsieur Riquet (nom de son chien), qui brûle d'ardeur de t'offrir ses hommages, n'a pas, il s'en manque bien, la peau aussi dure qu'une des femmes que dix jours d'agonie n'ont pas suffi pour conduire dans mon jardin (le cimetière), où elle est bien, pour mon profit et pour le sien, si elle est en paradis. N'ayant donc, dis-je, pas eu le temps d'aller te voir, etc., etc. »

Je dois ajouter, pour l'information de Votre Excellence, que cette lettre n'est point, comme elle pourrait le croire, de quelque curé diffamé; elle est du curé le plus estimé du diocèse et le plus honoré par son évêque.

CHAPITRE VI.

PRINCIPES QUI ONT DÉTERMINÉ L'ADMISSION DES JÉSUITES EN FRANCE, CONTRE LES LOIS. — EN QUOI CONSISTE LE VÉRITABLE MINISTÈRE DES PRÊTRES.

Vous pourrez trouver, Monseigneur, que je me suis éloigné beaucoup de mon premier et principal sujet, en parcourant, comme je l'ai fait, toute la sphère des prétentions du clergé. Je vous l'avais annoncé, les jésuites, dont j'aurais dû uniquement m'occuper, ne sont malheureusement qu'un des fruits d'un arbre qui a plusieurs fruits et plusieurs branches. Il m'a fallu alors parcourir toutes ces branches, et traiter particulièrement de la souche à laquelle elles appartiennent. Je me suis trouvé ainsi, comme je vous en avais prévenu, dans la même situation que le parlement de Provence, qui, croyant n'avoir à traiter qu'une affaire particulière entre un négociant de Marseille et le père Lavallette, fut amené à rechercher toutes les règles, toutes les institutions de l'ordre de Saint-Ignace.

La question actuelle, relative à la réintégration illégale des jésuites, opérée par l'autorité du *parti prêtre*, s'embranche de même avec l'ensemble des questions relatives aux prétentions de ce parti. En effet, d'après quel titre les jésuites, proscrits par nos lois, ont-ils cru devoir se rétablir en dépit de nos lois? Lorsqu'on dit, comme je l'ai entendu quelquefois, que c'est en vertu de la Charte et des droits de l'homme, c'est à pouffer de rire. Sérieusement les jésuites n'en sont pas là : corporation vouée au pape, ils se sont rétablis par l'autorité du pape; leur titre est la bulle de Pie VII, de 1814.

Cependant, ce n'est pas toujours peu de chose dans un pays, que les lois. Réintégrés en France, en opposition aux lois, quelle est, dans ce pays, l'autorité qui a pu se croire assez puissante pour les y appeler, et qui a ensuite été assez puissante pour les maintenir? Corps privilégié, voué au pape, il est assez simple qu'il ait trouvé appui et protection de la part d'un parti qui est connu pour être éminemment voué au pape.

Le principe qui a déterminé contre les lois l'admission des jésuites, est dès-lors parfaitement connu. C'est parce que la déclaration de 1682 déplaît au pape, qu'elle est repoussée : M. le cardinal de Clermont-Tonnerre ne s'en est pas caché. C'est de même parce que l'ordre des jésuites plaît au pape, qu'il est appelé. La suite d'édits royaux et d'arrêts des parlemens qui ont consacré la déclaration de 1682, la suite d'édits royaux et d'arrêts des parlemens qui ont proscrit les jésuites, ne font rien à ce parti. « Ambassadeurs de Jésus-Christ (*pro Christo legatione fungimur*), que nous importent, disent-ils, toutes ces lois mondaines, toutes ces lois humaines; nous avons l'épée de Pierre, comme les rois ont l'épée de Constantin. Si on veut marier ces deux glaives (*gladium gladio copulemus*), à la bonne heure; nous irons plus facilement et plus vite. C'est ce que nous avons souvent remontré aux rois; *ils doivent savoir qu'ils ont été institués, non-seulement pour les intérêts de la terre, mais bien plus encore* (præcipuè) *pour les intérêts de l'Église*. S'ils ne veulent pas associer les deux glaives; celui de Pierre nous suffira. Nous irons tout de même, sans nous embarrasser ni des *savans du conseil-d'État*, ni des *savans* du barreau et des Cours royales, pas même des *savans* de la Chambre des pairs, tous gens qui sont sans cesse à opposer à nos lois divines les lois misérables qu'ils ont faites. »

Ce système de suprématie et d'envahissement s'arrête-t-il là ? Non, certes, il pénètre tout le corps social, il en embrasse toutes les parties, et toujours il s'étaie des dispositions du droit divin.

Sans doute les apôtres ont été les ambassadeurs de Jésus-Christ; ils ont pu dire : *Pro Christo legatione fungimur*. Leur mission a été de changer la face du monde idolâtre; ils ont changé par-là même la face du monde politique. L'erreur des ambassadeurs d'aujourd'hui est de se croire la même mission; mais nous connaissons leur lettre de créance. Ils ne doivent point s'occuper à soulever des sociétés, ils ne doivent pas même s'occuper, comme quelques-uns le prétendent, à les conserver : ils ne doivent point s'y mêler.

Trois parties distinctes composent le ministère du prêtre : il est d'abord RÉGULATEUR

DU CULTE; en ce point seul son ministère aurait une grande importance. Tant chez les Hébreux que dans le paganisme, le sacerdoce ancien s'occupa extrêmement des cérémonies religieuses. Pourrait-il regarder aujourd'hui comme une chose indifférente, d'avoir à offrir à Dieu, dans des modes et selon des rites déterminés, les prières, les vœux et les hommages des peuples?

Une seconde partie du ministère du prêtre consiste à fixer et à régulariser la foi; interprète particulier de cette grande chartre chrétienne qu'on appelle l'Evangile; dépositaire, en outre, des traditions qui, d'âge en âge, se sont conservées dans la succession des pontifes, c'est par l'unité de la foi que se constitue entre les fidèles un point d'accord et d'harmonie.

Ce point d'accord a été autrefois un grand foyer de division; pendant des siècles le monde a été déchiré par une multitude de subtilités théologiques. Aujourd'hui le chrétien reçoit avec respect, comme les ont reçus ses pères, les dogmes de l'Eglise à laquelle il appartient; c'est ce qui compose le lien d'*autorité*, qu'a très-bien aperçu M. de La

Mennais. Pour cela même, le chrétien ne veut ni les examiner ni les discuter; c'est ce que le même M. de La Mennais a également aperçu, et qu'il a taxé *d'indifférence en matière de religion:* indifférence, toutefois, qui ne porte que sur le dogme, et qu'on commence à apercevoir sous le règne même de Louis XIV. Bossuet s'en plaignait; il exhortait les prédicateurs de son temps, non-seulement à établir la morale par le dogme, mais encore à mettre le dogme avant tout. Aujourd'hui tous ces grands dogmes d'hypostase et de consubstantialité, traités si vivement et quelquefois si tumultueusement aux divers conciles de Nicée, de Chalcedoine et d'Ephèse, n'occupent la pensée de personne. Un grand apôtre disait à Jésus-Christ : « Je crois, Seigneur; aidez mon incrédulité: *credo, Domine; adjuva incredulitatem meam.* Ces paroles sont remarquables : *je crois:* acte de respect et de soumission; *aidez mon incredulité :* acte de naïveté et de confiance. La croyance est en effet difficile lorsqu'elle porte sur une multitude de choses qu'on ne comprend pas et qu'on ne sait pas.

Le troisième point du ministère du prêtre consiste dans cette sainte médiation que j'ai notée précédemment, et qui a pour objet de réconcilier l'homme coupable avec Dieu et avec lui-même.

Si on y ajoute la cérémonie auguste du baptême, par laquelle nous sommes présentés et voués à Dieu dès le premier moment de notre naissance ; si on y ajoute l'office de nous instruire, dans la jeunesse, des devoirs et des mystères de la religion, et de nous préparer ainsi à la première communion; si on y ajoute, au moment de la virilité, l'office de bénir le mariage et de le consacrer à Dieu, et au moment de notre mort les cérémonies religieuses, qui précèdent et qui accompagnent nos sépultures ; en vérité le prêtre sera bien difficile lorsque les divers points de son ministère étant ainsi établis, il ne saura pas s'en contenter. S'il dit après cela qu'on l'entoure de haine et de mépris, qu'on veut faire de sa profession une classe d'ilotes, destinée à une classe de victimes ; il sera injuste.

CHAPITRE VII.

OBSTINATION DES PRÊTRES A REPOUSSER LEUR VÉRITABLE VOCATION. — DE LEURS ENVAHISSEMENS ET DE L'ESPRIT QUI LES DIRIGE.

Je viens d'énoncer, du mieux qu'il m'a été possible, la véritable vocation du prêtre. Il est vrai que cette vocation ainsi circonscrite, on veut l'y renfermer : c'est ce qu'il ne veut pas absolument. Ce qu'il veut, et il le veut à tout prix, c'est mettre la société dans sa main. A cet effet il médite deux sortes d'invasions ; l'une par la conscience, l'autre par la puissance. D'un côté, il cherche à entrer, par les sentimens religieux, dans l'ame des fidèles et à s'en emparer ; d'un autre côté, il se saisit des dépositaires de l'autorité civile, et il s'en sert comme d'un canal pour transmettre et faire adopter ses préceptes.

Je vais tracer la marche de ces deux plans. Et d'abord, dans l'un et dans l'autre, comme la vie chrétienne ordinaire, ainsi que l'office que le prêtre y doit exercer, ne remplit pas les vues du parti dirigeant, le premier principe de conduite a été de compter pour rien la simple vie chrétienne, ou du moins de la jeter dans la vie dévote. A l'aide de ce qui est appelé conseils évangéliques, et de divers textes de l'Ecriture, plus ou moins mal interprétés, tels que : *Soyez parfaits comme mon père céleste est parfait; Que celui qui est saint se sanctifie encore; Que celui qui est juste se justifie de nouveau;* ce n'est plus la vie chrétienne, c'est la vie dévote qui a été imposée au monde.

Or cette vie dévote se compose de deux manières; elle présente deux caractères différens. Dans l'une, c'est un mouvement continu, envers Dieu, de respect, d'admiration, d'amour; ce mouvement se trouve ordinairement accompagné d'une noble confiance, aussi éloignée de la présomption que de la crainte; car la crainte, autre que celle qui naît du respect et de l'humilité, ne peut s'accorder avec l'amour. C'est ce qu'exprime très-bien l'apôtre saint Jean, quand il dit : *Charitas foras mittit timorem.* Dans l'autre, c'est un mouvement continu de terreur, dans lequel la peur de Dieu, continuellement confondue avec la peur du diable, forme le spectacle le plus hideux et le plus dégoûtant.

Sans s'embarrasser des conséquences et des différences, ne songeant qu'à ce qui pourra multiplier son intervention et le besoin de son ministère : voilà la vie chétienne, chargée, contre sa nature, de tous les devoirs et de toutes les pratiques de la vie dévote; voilà la morale, exagérée de même dans toutes ses règles; voilà le mariage, le commerce, le prêt à intérêt, les danses, les bals, les spectacles soumis à des investigations déplacées, quelquefois ridicules. Les consciences ainsi tourmentées, tracassées, si quelques ames fortes échappent ou font de la résistance, le troupeau cède et est entraîné.

Dans le dix-septième siècle, Molière a fait une fort bonne comédie, intitulée *le Malade Imaginaire*. Mais si, au lieu d'un individu isolé qu'il met en scène, c'eût été une nation entière; si, par un système combiné habilement dans une coterie accréditée de médecins, on parvenait un jour à s'emparer de l'imagination du prince, des magistrats, de la société entière, de manière à ce que tout le monde se crût en état de maladie; ne voyez-vous pas quelle importance il en résulterait aussitôt, non-seulement pour tous les médecins, mais encore pour toute la séquelle affiliée des chirurgiens et des apothicaires? De même si, par l'effet d'un système combiné avec habileté dans une *coterie prêtre*, on parvient, à l'aide des prédications, des missions et des confessions, à persuader aux princes, aux magistrats, à toute la France, que personne ne peut être en état de grâce; on sent l'importance qu'acquerra aussitôt le *parti prêtre*. C'est à quoi il s'occupe en ce moment pour la France. La remplir de *damnés imaginaires* est sa pensée favorite : c'est la première partie de son système d'invasion.

Son système d'invasion par les autorités civiles ne laisse pas d'être également bien combiné.

Au premier moment où il y a eu en France une apparence de forme de gouvernement, on a vu le *parti prêtre* s'efforcer d'entrer dans l'administration; sous Napoléon, plusieurs évêques ont figuré dans le conseil-d'Etat. A la restauration, la même ambition a eu plus de succès.

Selon les informations que j'ai reçues, le parti prêtre n'a eu, ni à Rome, ni à Paris aucun moment de repos, jusqu'à ce qu'il ait vu un évêque au ministère. On allègue à cet égard, soit du présent, soit du passé, des exemples qui n'ont aucune application. On croit surtout que cette exclusion, sur laquelle je parais insister, tient à un esprit de haine. Pas le moins du monde; il y a même à cet égard des exceptions auxquelles tout le monde applaudit.

J'ai déjà parlé d'un grand nombre de prêtres qui appartiennent aux écoles de l'Université, et qui en général obtiennent les suffrages. Lorsqu'un torrent nous menace de ses ravages, si le curé se met à la tête de sa paroisse et parvient à le détourner, on l'applaudira. Quand nous serons attaqués par l'étranger, s'il n'y a plus parmi nous de militaires capables de conduire nos armées, et qu'il se trouve un prêtre savant dans l'art de la guerre, prenons ce prêtre. Lacédémonc, dans sa guerre de Messénie, prit un poëte, et s'en trouva bien. Il en sera de même des finances et de l'administration. Remarquons cependant que, dans tous ces cas, ce ne serait pas comme prêtres que ces personnages seraient appelés ; ce serait comme habiles dans la profession particulière pour laquelle on les emploierait.

L'ancien exemple de la France et de l'Angleterre, qu'on allègue dans cette occasion, ne s'applique en aucune manière à notre situation. Ce n'est pas comme prêtres que les prieurs, les abbés et les évêques étaient appelés à l'armée, ou aux conseils de la nation; c'est comme grands propriétaires ; c'est comme détenteurs de fiefs, tenus à des devoirs civils et militaires. Membres de la souveraineté publique, il était assez simple qu'ils participassent aux conseils de la souveraineté.

M. d'Hermopolis en voulant justifier, à la tribune de la Chambre des députés, l'association de son caractère de prêtre à celui de ministre du roi, a été hors de la question. Son apologie, à cet égard, est tout-à-fait extraordinaire.

« On dit que le ministre des affaires ecclésiastiques, étant évêque, apportera dans l'instruction publique ses habitudes, et qu'il sera prêtre *avant tout*. Eh bien ! tant mieux. Plus il sera pénétré de la religion, plus il sera fidèle par conscience à tous les devoirs qui lui sont imposés. Plus il sera prêtre, plus il sera citoyen. Et ne faut-il pas que le militaire soit militaire, et le magistrat, magistrat ? Que penserait-on d'un capitaine s'il ne mettait avant tout la discipline, la belle tenue, la gloire des armes ? » (*Journal des Débats.*)

Voilà certes un beau raisonnement ! Oui sans doute, il faut qu'un militaire soit militaire. C'est pour cela qu'on ne lui fait pas dire la messe et qu'on n'en fait pas un magistrat. Il faut de même qu'un magistrat soit magistrat; et c'est pour cela qu'on ne lui fait pas commander l'exercice et pointer des pièces de canon. Il faut qu'un prêtre soit prêtre *avant tout*. C'est pour cela qu'il ne faut le mettre en rien dans nos intérêts civils; car on est sûr, dans ce cas, que ses intérêts passeront avant tout, c'est-à-dire avant les nôtres. Nous savons, par les aveux de M. d'Hermopolis, qu'il y a dans le monde deux puissances rivales et souvent en conflit : la puissance spirituelle et la puissance temporelle. En mettant dans nos affaires temporelles un homme de la puissance spirituelle, lequel nous déclare qu'il est prêtre *avant tout*, on doit s'attendre que la puissance spirituelle sera mise *avant tout*.

Pour nous rassurer, M. d'Hermopolis nous apprend que le serment qu'il a prêté, est ainsi conçu :

« Je jure fidélité au Saint-Siége apostolique; mais en tant qu'elle ne déroge en rien à la fidélité à mon prince et à ses successeurs légitimes. »

C'est bien ; mais quand ces deux fidélités viendront à se trouver en contact, peut-être en conflit, on peut deviner de quel côté se rangera celui qui est prêtre *avant tout*.

En même temps que le *parti prêtre* se place autant qu'il peut dans les sommités de l'Etat, s'il abandonne à la tourbe le reste des offices subalternes, il ne faut pas croire qu'il en abandonne de même l'influence. La manœuvre consiste à faire élever à toutes les places importantes, non précisément des prétres, mais leurs dévoués sous le nom de dévots, c'est-à-dire sous un habit laïque des hommes qui sont prêtres *avant tout*. Au moyen d'une confédération intérieure, organisée avec habileté sous le nom de *Congrégation*, on parvient facilement à s'emparer de tous les emplois. De cette manière, on ne se contente pas d'avoir ostensiblement, comme à la Chambre des pairs, au conseil-d'Etat, au ministère, des prêtres en habit de prêtre; on a, sous un habit laïque, des prêtres qui occupent les emplois aux postes, à la police, aux diverses places de l'armée et de l'administration : la soutane a soin de se cacher; mais, sous la robe ou sous l'habit brodé, on peut encore l'apercevoir.

Tout occupé de son système de domination, le parti prêtre se garde bien de le laisser à découvert. Ce serait le compromettre. Quelles que soient les admonitions de M. le cardinal de Croï, l'aumonier d'un régiment se gardera bien d'aller, à l'exercice, commander tout haut le chapelet, l'*angelus* et la prière; mais si, à force de soins et de captation, il a pu s'emparer du colonel et l'emporter dans la vie dévote, les soldats se trouveront bientôt recevoir par la bouche du colonel, les ordres qu'y aura infusés le prêtre. Bichat prenait le sang d'un pauvre animal, qu'il transfusait dans un autre animal, et qui circulait ensuite à merveille. Le système est d'injecter de même, dans les artères des diverses autorités civiles et militaires, l'esprit du prêtre. Caché ainsi, mais toujours dirigé dans son sens, on le voit ressortir ensuite de mille manières, tantôt en lois sur le sacrilége, sur la police de la presse, sur la censure; tantôt sous la forme de telle autre prescription : ce qui n'empêche pas, dans la chaire, les menaces éclatantes des foudres du ciel et des feux de l'enfer, et dans l'intérieur des familles, les petites intrigues et les suggestions privées.

Je pense, Monseigneur, avoir mis suffisamment en évidence ce plan et son objet. Il ne me reste qu'à examiner comment finalement la religion, le Roi et la société pourront s'en accommoder.

C'est ce que je vais rechercher dans une seconde partie.

SECONDE PARTIE.

**CONSÉQUENCES DE CET ÉTAT DE CHOSES.
QU'EST-CE QUE L'OPINION PUBLIQUE?**

J'ai dû, Monseigneur, vous exposer avant tout le tableau de notre situation présente. Votre Excellence a pu apprécier la lèpre qui est entrée dans nos choses religieuses ; elle ne se sera pas seulement arrêtée aux pointes de cette gangrène qui se montrent en dehors, elle les aura aperçues en dedans. Je vais actuellement lui exposer les conséquences qui s'attachent à cette situation.

Comme il est évident que la religion, le Roi, la société sont également menacés, il me sera indispensable de me porter successivement dans ces trois points de vue. Je pourrai encore, si Votre Excellence veut bien me le permettre, examiner ce qui peut résulter pour elle-même d'une semblable situation.

Je commencerai par traiter ce qui concerne l'opinion. Ce mot pouvant présenter quelque chose de vague, je m'attacherai à en fixer le sens.

L'empire de l'opinion embrasse à la fois les individus, les magistrats, le gouvernement. Son action alors s'étend sur des sphères différentes.

A l'égard des individus, à moins qu'ils n'aient une extrême importance, le cercle de cette action est ordinairement rétréci. Il est plus étendu à l'égard des magistrats; à l'égard du gouvernement, il comprend la nation entière.

Envers les individus, l'opinion se compose de l'estime dont on honore généralement la fidélité aux mouvemens de la conscience et aux règles communes de délicatesse et d'honneur.

Envers les magistrats, l'opinion se compose de l'estime qu'on est dans le cas de leur porter en raison de leur fidélité supposée aux devoirs de leurs fonctions, et dans l'application des règles de l'équité.

Envers le gouvernement, l'opinion se compose de l'estime qu'on peut lui accorder, à raison de sa fidélité aux lois et aux institutions publiques.

Si un individu est supposé manquer aux mouvemens de sa conscience ainsi qu'aux sentimens d'honneur; si des magistrats sont supposés prévariquer dans l'exercice de leurs fonctions, et dans l'application des règles de l'équité; si le gouvernement, au lieu de protéger les lois et les institutions, est supposé lutter contre elles, et chercher à les ruiner ou à les affaiblir; il y aura dans tous ces cas, selon les degrés divers, perte ou affaiblissement de l'estime publique.

Relativement aux individus et aux magistrats, on ne saurait dire que cet éloignement de l'opinion ou de l'estime publique soit sans importance. Relativement à un gouvernement, cette importance est beaucoup plus grande; car, un gouvernement se trouvant alors démoralisé, il ne lui reste plus désormais que la force. Celle-ci pouvant se démoraliser à son tour, les peuples peuvent tomber dans les commotions et dans la révolte.

Un gouvernement qu'on méprise se flatte quelquefois qu'il pourra continuer à exister avec le mépris. S'il n'avait rien à commander, et si, en commandant, il n'avait pas à faire usage de la force, ce serait possible. Mais, au moment où, à l'impéritie qui excite le mépris, se joint le développement de la force qui excite la haine, il se produit bien vite, à côté du dégoût général, une irritation générale qui peut devenir dangereuse.

Pour ceux qui sont convaincus que le gouvernement a perdu l'estime publique, il me sera facile de prouver, par sa conduite, comment il l'a perdue.

Pour ceux qui croient qu'il lui reste encore en France quelque estime, il me sera facile d'établir comment il va la perdre.

Dans les affaires particulières, si je le montre violant ouvertement les règles et les lois; si, dans une sphère plus étendue, je le montre portant atteinte à nos institutions; enfin, lorsqu'il viole en même temps les institutions et les lois, et que par-là il provoque l'irritation générale, si je le montre se combinant avec les ennemis connus de nos institutions, et formant avec eux une sorte de ligue offensive ; j'aurai rempli l'objet de ce Mémoire. La France, que Votre Excellence n'a vue probablement depuis long-temps que par des yeux prévenus ou intéressés à la tromper, elle la verra dès-lors telle qu'elle est ; elle verra aussi les orages qui, de toutes parts, sont prêts à éclater.

CHAPITRE PREMIER.

CAUSE ET INDICE DE NOS MAUX. — MANOEUVRES DES JÉSUITES. — CONSÉQUENCES QUI EN RÉSULTENT POUR LE CHEF DE L'ÉTAT.

En présentant le tableau des orages qui nous menacent, il me sera indispensable, Monseigneur, de remettre de nouveau les jésuites en scène; car, dans ma pensée, ils sont tout à la fois cause et indice des maux : CAUSE, en ce qu'ils sont la source de beaucoup de désordres, et qu'ils en font craindre de nouveaux; INDICE, en ce que leur existence vicieuse atteste la source empoisonnée à laquelle ils appartiennent.

A cet égard, deux motifs me dirigent; l'un part du sentiment profond que j'ai du vice d'une telle institution; l'autre de l'atteinte que leur existence porte à une partie de nos lois existantes : atteinte qui menace par-là même toutes nos lois.

Et d'abord, si la France se trouvait dans une position semblable à celle de divers États, tels que la Russie, la Prusse, l'Amérique septentrionale, lesquels ont admis les jésuites et les admettent encore; je concevrais moins d'alarmes. Ces gouvernemens et leurs peuples ont, dans leurs religions particulières, ainsi que dans leurs constitutions, des garanties convenables. La France n'en a aucune; au contraire, elle a lieu de craindre que, par certaines captations, sa religion et son gouvernement égarés ne soient disposés à la sacrifier plutôt qu'à la défendre.

C'est l'impression que fait généralement la conduite du ministère. A ce sujet, je me contenterai d'une simple question.

Que dirait un pays catholique qui verrait, par l'effet de ligues et de manœuvres secrètes, son gouvernement se montrer protestant, et donner toutes les fonctions publiques à des protestans? Que dirait un pays protestant si, par l'effet de semblables manœuvres, il voyait son gouvernement devenir catholique, et donner toutes les places à des catholiques? Que peut dire la France d'aujourd'hui, anti-ultramontaine et anti-jésuite, lorsqu'elle voit son gouvernement et toutes les places influentes de l'instruction et de l'administration tombant dans les mains des jésuites, ou du moins de leurs partisans?

Je parle des places de l'instruction et de l'administration; je n'en dis pas assez. Il faut y ajouter les places de la magistrature les plus subalternes, les offices de notaires et d'avoués, les places même de l'armée. Avec une suite et une persistance dont j'ai vu les commencemens et dont j'ai suivi les progrès, c'est un fait que tous les corps, tant civils que militaires, ont été garnis autant qu'on a pu (en leur donnant une robe laïque) de jésuites, de missionnaires, de tous les satellites du *parti prêtre*.

Cette manœuvre, qui, même dans un gouvernement depuis long-temps établi, serait une source continuelle d'inquiétude, comment n'en causera-t-elle pas plus dans un gouvernement constitutionnel qui ne compte que quelques années?

Sur ce point, les publicistes, qui ont traité

du droit des nations, ont été tous d'avis que les Etats de cette classe avaient de grandes précautions à prendre. Grotius cite en confirmation de sa décision ces paroles de Didon, quand au premier moment elle repousse les Troyens fugitifs :

*Res dura et regni novitas me talia cogunt
Moliri et late fines custode tueri.*

Ainsi donc, quand même l'institution des jésuites ne serait pas aussi essentiellement vicieuse qu'elle me le paraît, son double caractère ultramontain et tendant au despotisme pourrait seul, dans une nation nouvelle encore dans les voies de la liberté, tourner contre elle tous les esprits.

Ce n'est là qu'une partie de nos craintes.

Au milieu d'une nation anti-jésuitique et anti-ultramontaine, opposée par-là même au pouvoir absolu du Roi comme au pouvoir absolu du pape, s'il se trouve un *parti prêtre* fortement appuyé, et tellement engagé dans son dévouement aux jésuites et au pape, que malgré l'assentiment général qui l'empêche de se déclarer ouvertement, il ne veut se départir, ni de ses desseins connus, ni de ses manœuvres secrètes ; si à l'aide de ce parti il s'est élevé un gouvernement qui, en face des lois qui la proscrivent, des magistrats qui la condamnent, de la haute Cour du royaume qui l'accuse, s'obstine à soutenir de sa protection une corporation vicieuse, je demande à Votre Excellence quel jugement on peut porter d'une telle conduite ? Singulière contre-partie de ce qu'on voit quelquefois dans l'histoire des troubles publics, où, sous un gouvernement juste, une nation se permet d'enfreindre ses lois! Ici c'est la nation qui est fidèle; le gouvernement, séditieux.

J'ai prouvé, dans ma première partie, que, par l'introduction des jésuites, il y avait, et de la part de ceux qui les ont appelés, et de la part des autorités qui les maintiennent, une véritable révolte contre les lois. Il me reste à examiner si un tel scandale peut se supporter.

Ce scandale peut être rapporté à deux principes. Le premier se trouve dans l'horreur qui s'attache naturellement à cette institution. Que penser d'une corporation qui compose, au sein des Etats, une milice particulière, laquelle, en affectant de professer la soumission aux lois du pays, met *avant tout* son dévouement à un chef étranger : dévouement tel que, depuis le fameux prince des assassins, on n'en connaît pas de pareil sur la terre; une corporation accusée dans le monde entier, soit envers les rois, soit envers les peuples, et dont le nom est devenu depuis long-temps synonyme de beaucoup de vices !

Certes on ne peut contester qu'une telle impression existe. On l'appellera, si on veut, prévention; on conviendra au moins qu'elle n'a rien de commun avec ces préventions qu'on dit provenant des préjugés ou des passions; elle est appuyée par ce qu'il y a de plus respectable parmi les hommes, l'autorité des magistrats et celle de la chose jugée.

Sous un régime absolu, les parlemens avaient signalé les jésuites comme une corporation odieuse. Sous le régime présent, la Cour royale de Paris la signale de même. Quand le peuple, dans ses plaintes, ne fait que répéter la voix de ses magistrats, et que cette voix est encore appuyée par celle des temps passés, en vérité est-il convenable de se heurter contre de telles autorités?

Le scandale que je mentionne s'aggrave, dans ce cas, d'un spectacle qui forme comme un autre scandale : c'est celui des magistrats méprisés, et la démoralisation qui en résulte chez tout un peuple.

Partout et toujours, ce qui plaît à une nation et ce qui la fortifie dans les bonnes mœurs, c'est le spectacle du respect porté à l'ordre légal. Au lieu d'être heureuse et tranquille, toujours une nation sera troublée lorsque l'ordre légal y paraîtra bouleversé. Dans ce cas, on ne croit blesser que l'intérêt de quelques-uns; mais cet intérêt de quelques-uns étant en sympathie avec les intérêts de tous, tous se lèvent au même moment pour le défendre. Rétablissez demain les ordres arbitraires, la Bastille, les lettres de cachet; on sait bien que vous n'irez pas emprisonner à la fois les trente millions d'individus qui composent la population de la France. Dans ce cas, le coup qui paraît ne frapper qu'un seul les atteint tous.

Dans la question des jésuites, on peut croire que ce ne sont pas individuellement toutes les lois du royaume qui seront violées. Pendant quelque temps, la loi des élections pourra demeurer intacte; la plus grande partie des lois civiles semblera ne recevoir aucune atteinte. Il en sera de même de nos lois criminelles et politiques. Dans le fait, toutes seront frappées, toutes seront ébranlées. C'est ce qu'a très-bien reconnu la commission de la Chambre des pairs, lorsqu'elle a prononcé par l'organe de M. le comte Portalis : *que l'existence de fait d'un établissement contraire aux lois ne doit pas être possible.*

Il ne faut pas dire, comme je l'ai entendu quelquefois : *La loi qu'on viole, est-elle donc si respectable ?* J'ai entendu dire aussi à Versailles : *Le sang qui coule, est-il donc si pur ?*

Ce sang, prétendu impur, qui a coulé sur la terre, en a bientôt appelé d'autre, celui même du malheureux jeune homme qui avait eu cette pensée. Oui, telle qu'elle puisse être, la loi qu'on viole est respectable tant qu'elle est classée dans le corps des lois. Entrer de violence dans ce sanctuaire pour en arracher à sa volonté telle ou telle loi, en l'anéantissant par le fait, lorsqu'elle subsiste par le droit, c'est, comme l'a dit M. de Neu-

7

ville, marcher à la fin de toutes choses; c'est tomber dans le chaos.

La loi qu'on viole, est-elle donc si respectable? Eh bien! ce peut être une mauvaise loi. Vous avez alors des moyens légaux de la réformer. Comment! vous avez supprimé les lettres de cachet, les prisons d'Etat, c'est-à-dire l'arbitraire envers les personnes; et vous le remplaceriez par l'arbitraire envers les lois! La Bastille a disparu pour les citoyens; elle se retrouverait pour les lois! Sous le règne du despotisme, il n'est aucune maxime que nos souverains se soient plu aussi souvent à proclamer que celle de régner avec les lois et par les lois; et vous, Monseigneur, ministre sous l'empire de la Charte et des libertés, vous croiriez pouvoir disposer des lois à votre volonté!

La loi violée est, selon moi, d'une très-grande importance; mais fût-elle la plus *minime* des lois, elle serait encore défendue par tout le corps des lois. Dans l'ordre des propriétés, un œuf est une chose *minime*; mais les nations ont très-bien établi, dans leurs proverbes, que celui qui dérobe une petite propriété en dérobera bientôt une plus grande. Ce qui a été dit à l'égard des délits a été dit à l'égard des crimes : *Quelque crime toujours précède un plus grand crime.* Il en est de même de l'homme qui, en un point, viole la vérité : *Mendax in uno, mendax in omnibus.* Ce qui fait aujourd'hui la sécurité publique, c'est que, dans aucune partie de la France, un citoyen ne peut être privé de sa fortune et de sa vie. Au moment où, sous quelque prétexte, la violence remplace la justice, la sécurité ôtée à un seul efface la sécurité de tous.

D'après ces considérations, Votre Excellence ne sera pas étonnée de la commotion qui s'est faite depuis quelque temps dans les esprits. « Chose étrange! nous dit M. Frayssinous, on veut que le clergé soit calme, en paix avec tout le monde!.... »

Cette tirade peut être fort belle, mais très-certainement elle n'est pas juste : je la lui renverrai tout entière, à lui et aux siens, en substituant, dans toutes ses parties, le mot *peuple* au mot *clergé.*

« Chose étrange! on veut que le *peuple* soit calme, en paix avec tout le monde, toujours mesuré dans sa conduite comme dans ses discours : rien de mieux, c'est son devoir ; mais d'un autre côté, qu'a-t-on fait ? Précisément tout ce qu'il fallait faire pour désoler sa patience, pour l'indisposer et l'aigrir, s'il était possible. »

Je n'ai encore accusé que la négligence du gouvernement à l'égard des jésuites et du *parti prêtre;* c'est déjà trop que son rôle passif. Il me reste à montrer, par des exemples, ce que sa participation active ajoute de scandale à sa complicité secrète, et comment, sous ce second point de vue, il froisse de nouveau l'opinion.

CHAPITRE II.

M. THARIN. — ÉDUCATION DE SON ALTESSE ROYALE MONSEIGNEUR LE DUC DE BORDEAUX. — PLAN QUE SUIVRAIT L'AUTEUR DU PRÉSENT ÉCRIT, S'IL AVAIT L'HONNEUR D'ÊTRE LE PRÉCEPTEUR DE MONSEIGNEUR.

M. le comte de Neuville se contente, dans un de ses discours, d'accuser *la minorité du clergé;* il parle de quelques légers écarts d'une jeunesse indisciplinée : en cela même, comme je l'ai déjà remarqué, le clergé n'est nullement justifié.

Au milieu des scandales du temps, celui qui se présente le premier en scène se trouve un cardinal. Lorsque ce cardinal, repris une fois pour une lettre pastorale adressée à son diocèse, est repris une seconde fois pour une démarche doublement insultante à nos lois et à l'autorité du Roi, que fait alors le gouvernement? Mettant à part, comme insignifiantes, les décisions du conseil d'Etat et celles de la magistrature, non-seulement il conseille au Roi de ne tenir compte d'aucun de ces délits, mais encore de les couvrir de ses faveurs; et aussitôt, au sacre et après le sacre, le délinquant est comblé de grâces. De même de M. l'archevêque de Rouen, après un mandement incendiaire, que le soulèvement de la rumeur publique l'a forcé de retirer; de même de tous ceux qui, par leur dévouement aux congrégations des jésuites et aux opinions ultramontaines, se montrent les ennemis ardens de nos opinions, de nos institutions, de nos lois. Le gouvernement semble leur dire : *Venite ad me omnes;* à eux, à eux seuls, toutes les faveurs et toutes les places.

Parmi les dangers que l'opinion avait le plus à redouter en ce genre, c'était de voir l'héritier présomptif de la couronne, un jeune enfant, appelé à si juste titre *l'enfant du miracle*, et de toute manière l'amour et l'espérance de la France, livré à des hommes dont les doctrines funestes ne pouvaient que faire présager une éducation funeste.

Votre Excellence peut s'apercevoir que

j'ai ici en vue *M. Tharin*. Toute la France a été frappée d'abord du choix qui a été fait de ce prélat; elle l'a été ensuite de son éloignement momentané.

Il a couru beaucoup de bruits sur les causes de cet éloignement. Que ces bruits soient un roman ou une fable, peu m'importe; je ne m'occuperai que du caractère connu de cet homme que j'honore, et à qui je souhaiterais, pour lui comme pour nous (je parle ici franchement), une tout autre vocation.

Cet ensemble de circonstances me paraît très-grave; je demande à Votre Excellence un moment d'attention.

Et d'abord, j'entends dire que M. Tharin n'est pas seulement un dévot, mais un saint; il regarde les biens de la terre comme rien; les palais et les empires, tout cela est à ses yeux comme des ombres et de la poussière : c'est à merveille. Tout entier au salut de son élève, qu'il veuille l'éloigner des vains spectacles du monde (spectacles que l'Eglise a réprouvés certainement, puisqu'elle a réprouvé la profession qui leur appartient), qui pourrait blâmer M. Tharin? Dans le doute même qu'il persiste à les lui interdire, je ne puis encore que l'approuver; car, suivant lui, comme suivant moi, il n'est permis à un prince, pas plus qu'à un autre, de se hasarder au doute d'offenser Dieu.

Sur tous ces points, je ne puis qu'accorder à M. Tharin mon admiration et mon respect; je sens tout-à-fait en moi ce qui se passe en lui. Certes je n'ai point de palais, je n'ai point de couronne; mon empire, à moi, c'est quelques mauvais arpens de terre; mes ministres, quelques pauvres valets; mes sujets, quelques misérables troupeaux; mais eussé-je tous les empires de la terre, je me dirais encore, comme M. Tharin, que ces empires sont une vaine poussière; je me dirais qu'au-dessus de cette petite terre, qui tourne sur elle-même, et qui me fait tourner avec elle, il est un autre empire, une autre demeure, une autre destinée; je me dirais que ces spectacles, qu'une partie de la France chérit et qu'une autre partie réprouve, sont, ainsi que toutes les pompes du monde, bien peu de chose; et alors, si d'un côté je vois par ce motif cet homme saint, cet homme de la pénitence et de la prière, repoussé par les hommes de la cour, par les hommes du monde ; s'il n'obtient pas partout, comme il le mérite, l'estime et le respect, il l'obtiendra au moins de moi ; il aura, tant que je vivrai, ma bénédiction et mes vœux ; il les aura encore plus particulièrement à ma dernière heure. Puisse un tel homme être le compagnon de mes derniers momens, le protecteur de ma faiblesse, et soutenir de toute sa force mes pas tremblans vers une autre vie !

Voilà ma pensée sur M. Tharin. Actuellement, fallait-il appeler cet homme à la cour ? Fallait-il lui confier l'éducation de l'héritier de la couronne ? Je dirai franchement, *non*. C'est que l'éducation des rois doit être faite, non pour eux, mais pour leurs peuples. Ce que doivent apprendre avant tout les rois du monde, ce sont les choses du monde ; ce qu'ils doivent apprendre encore, c'est en tout la loyauté et la vérité ; et alors faudra-t-il, comme on a voulu le persuader à M. Tharin, faire marcher du même pas, dans l'éducation d'un jeune prince, les souillures du siècle et les saintetés d'une autre vie ? Par une hypocrisie en sens inverse, et par-là encore plus abominable, faudra-t-il qu'il fasse commettre à son élève (et cela pour plaire au monde) des actions que sa conscience réprouvera; qu'il le fasse assister, par exemple, à des spectacles que sa piété, en secret, anathématisera? Il faut laisser de telles duplicités à ces hommes qui, quelqu'affublés qu'ils soient de dignités religieuses, n'en sont pas moins des enfans du mensonge. L'Esprit saint m'apprend le nom du père du mensonge; il s'appelle Satan.

Monseigneur, tout cela est manifestement dans le faux; venons au vrai. Malgré tous mes démérites, je suppose que je sois un jour pour quelque chose dans la conduite du jeune et auguste prince dont on a jugé à propos de confier l'éducation à M. Tharin; certainement je ne lui dirai pas de fuir les spectacles, ni de suivre, à d'autres égards, les préceptes sévères de ce pieux prélat; je l'en éloignerai, au contraire, tout-à-fait. Prince de la terre, je l'élèverai tout-à-fait pour la terre, car c'est là, comme roi, la vocation qui lui a été faite; et cependant je ne laisserai pas, dans toutes les occasions opportunes, de lui rappeler qu'un roi, comme tout autre homme, n'a pas été fait seulement pour les choses d'ici-bas. Il y a un jour de l'année où l'Eglise, jetant de la cendre sur la tête des rois, leur rappelle que comme nous tous ils sont poussière, et qu'ils retourneront en poussière; je m'attacherai à faire retentir dans le cœur de mon élève ces graves paroles; et alors, si M. Tharin est quelque part près de nous, je le mènerai à son ermitage (car c'est surtout un ermitage qui convient à M. Tharin) : ce brave homme ne dédaignera sûrement pas nos hommages, et il nous accordera aussi sa bénédiction et ses prières.

Ce n'est pas assez. Si la Providence a composé tous les hommes pour la vie chrétienne, elle n'a pas oublié que quelques ames privilégiées pouvaient être susceptibles d'une vocation plus élevée; elle a composé à cet effet la vie dévote. Encore qu'un prince soit en général appelé plus particulièrement à la vie chrétienne, il n'est pas dit qu'il doive être privé pour cela des avantages d'une vie plus parfaite; et alors, si le jeune prince confié à mes soins vient à sentir en lui les mouvemens d'une vocation plus haute, si les sentimens pieux conviennent à son ame, de manière à pouvoir la saisir tout entière et à s'en emparer, je lui dirai, certes, d'y faire attention ; je lui dirai que les élévations en ce genre sont suivies quelquefois de grandes chutes : mais enfin, après s'être éprouvé long-temps, après s'être assuré que sa résolution n'est l'effet ni d'une simple chaleur de l'âge ni d'une vaine présomption, je ne combattrai en aucune manière sa résolution ; seulement, lorsqu'il embrassera la vie dévote, je lui dirai que ce ne doit être ni avec cachotterie ni avec mystère, mais hautement et avec franchise. Qu'il n'affecte pas alors, je le lui demande en grâce, une fausse mondanité qui ne sera pas dans son cœur ; qu'il se permette encore moins, avec fanfaronnade, des infractions que sa conscience réprouvera. J'aurai encore quelque chose de plus important à lui recommander.

Enivré des choses du ciel, qu'il n'aille pas, comme on le fait aujourd'hui, confier les choses du monde à des hommes qui, comme lui, seront des hommes du ciel. Qu'il n'aille pas, comme on vient de le faire récemment, chercher au milieu des reliques et des *Agnus Dei*, des professeurs de science mondaine

Je désire que partout et dans toutes les professions, il cherche, pour les faire fleurir, les hommes savans de ces professions.

Comme les exemples ont toujours une grande action, je me plairai à lui citer celui du maire d'une grande ville dans laquelle j'ai beaucoup de rapports. Ce maire d'une de ces anciennes familles citadines où depuis des siècles l'honneur est héréditaire, paraît croire que la piété réprouve le spectacle ; une place brillante a beau lui être assignée comme maire ; ni lui, ni personne de sa famille ne l'occupe ; et cependant jamais les soins des spectacles de cette ville n'ont été aussi bien entendus que sous son administration, ni aussi bien dirigés. D'une conscience délicate pour lui-même, cette délicatesse ne s'applique point à ses administrés. Il sait qu'il a à gouverner sa cité, non dans ses vues particulières, mais dans les vues et selon les habitudes de ses administrés.

D'après cet exemple je dirai à mon jeune élève : Monseigneur, vous serez roi un jour, mais d'avance pensez que vous n'aurez point à gouverner votre peuple selon votre goût et vos opinions privées, mais selon les opinions et les goûts établis dans votre nation. Vous ne serez pas seulement le roi de quelques prêtres, de quelques dévots, de quelques saints, vous ne le serez pas même seulement de plusieurs millions de catholiques, mais encore d'un grand nombre de communions dissidentes. Vous serez roi aussi d'un grand nombre de pécheurs comme moi, à qui Dieu a accordé la liberté du bien et du mal; liberté que vous n'avez le droit de restreindre en aucune manière, excepté dans les points qui intéressent l'ordre établi, et selon les lois que cet ordre a établies.

Ce ne sont pas les seuls dangers contre lesquels j'aurai à prémunir mon auguste élève; et d'abord ce sera relativement à lui-même, à raison de la pente attachée à notre nature, de vouloir faire faire aux autres ce qui nous plait, parce que cela nous plait.

Si l'on est heureux d'être appelé à la vie dévote, c'est lorsqu'on cède à cette impulsion franche de la conscience qu'on peut regarder en quelque sorte comme la voix de Dieu; mais y être entrainé, je ne dirai pas seulement par le désir de plaire au prince (ce qui est une hypocrisie abominable), mais par un système de petites manies, de petites ruses de prêtre, véritables et honteuses supercheries : ce système est bientôt mis à découvert. Il décrédite au même moment, et le prince qui le favorise, et le prêtre qui l'emploie.

A cet égard, deux écueils sont encore à craindre : ils se composent de deux maximes éminemment fausses et qui néanmoins lui seront continuellement proposées.

La première est tirée des paroles d'un saint pape qui a prétendu que les rois, sur la terre, devaient être occupés beaucoup moins des choses de la terre que des intérêts de l'Eglise.

La seconde est celle d'un roi qui déclarait ne pouvoir rien refuser à un homme qui disposait en sa faveur des choses du ciel [1].

Ces maximes ont eu beau être prônées par Bossuet qui avait ses raisons pour les présenter à l'assemblée de 1682; elles n'en sont pas moins fausses de tout point. De l'une il s'ensuivrait, qu'au lieu d'un roi de France, nous n'aurions plus qu'un roi de

---

[1] *Nihil negare possum cui per Deum omnia debeo.*

prêtres; de toutes deux, qu'un roi qui serait, d'un côté despote absolu pour ses peuples, en cela objet de haine, et qui serait en même temps esclave absolu de ses prêtres, en cela objet de mépris, serait un modèle de perfection. Je dirai sans cesse à mon auguste élève, soit qu'il se contente de la vie chrétienne, soit qu'il ait embrassé la vie dévote, que la perfection n'est pas là et qu'elle est loin de là.

Tels sont, Monseigneur, j'ose le dire, les principes avoués par la véritable politique, ainsi que par la religion : principes qui sont tellement admis en France que je ne crois pas que personne ose les contester ouvertement. Lorsqu'en dépit de ces principes, on appelle à l'éducation du prince qui doit avoir un jour tant d'influence sur le sort de la France, non un homme du monde, ou un homme de la simple vie chrétienne, mais un homme de la vie dévote, et qui de plus nous a prévenu dans ses mandemens qu'il était particulièrement voué aux jésuites et au pape; comment ne voit-on pas qu'on soulève contre soi toute la raison du pays; qu'en raison des dangers qui la menacent, on excite dans une nation des flots redoutables de plaintes, et que par-là on provoque contre le gouvernement toutes les résistances légales dont la constitution permet de disposer.

Il est d'autres causes d'agitation publique que je dois mentionner. Je ne puis passer sous silence le mouvement survenu dernièrement au sujet de la nomination de M. Récamier.

CHAPITRE III.

M. RÉCAMIER. — CAUSES DE SA PROMOTION A LA PLUS BRILLANTE DES CHAIRES DE MÉDECINE.

Il s'en faut bien, Monseigneur, que je veuille noter à Votre Excellence M. le docteur Récamier comme un homme sans mérite. Au contraire, je sais qu'il en a beaucoup, et sous le rapport de la science, et sous celui de la probité. Cependant sous ces deux rapports, M. le docteur Magendie n'en a pas moins; et surtout il est plus connu dans le monde savant que M. Récamier. Lorsque, par une singularité remarquable, il se trouve qu'à mérite égal, celui qui avait plus de célébrité a été exclu, et celui qui en avait moins admis; lorsque, par une autre singularité, il se trouve que, selon la règle établie par le gouvernement lui-même, la place vacante à laquelle doivent présenter l'Académie des Sciences et l'Académie de Médecine, a été donnée précisément à celui qu'elles n'ont pas présenté, tous les esprits sont en mouvement pour rechercher les causes de ces singularités. Bientôt il se découvre que M. Récamier était le candidat secret des jésuites, de la congrégation et du parti prêtre. M. Magendie n'était que celui qu'appelaient, avec toute la France, nos deux premiers corps savans.

La curiosité étant de plus en plus excitée sur ce point, il se découvre que M. Récamier, adonné à toutes les pratiques de la vie dévote, va à la messe tous les jours, qu'il se confesse tous les mois. De plus on apprend que, dans sa chambre, en face de la porte, est placé un grand Christ qui remplit la hauteur de l'appartement. A chaque côté de ce Christ se trouvent dans des bocaux précieux diverses reliques de saint Jean d'Alcantara, de saint Ignace, de saint Antoine de Padoue. De plus M. Récamier, affilié à toutes les congrégations imaginables, a voulu avoir la sienne. Dix à douze jeunes gens se sont établis ses disciples. Tous ensemble, à certains jours marqués, disent certaines prières, le rosaire peut-être ou le chapelet; et alors comme M. Magendie, à ce qu'on dit, se confesse rarement, qu'il ne va peut-être pas régulièrement à la messe; on conçoit comment, sous un gouvernement asservi par le parti prêtre, la protection des deux premiers corps savans de la France lui donnera peu d'avantage. On voit, par ce seul rapprochement, comment les motifs de l'admission de l'un et de l'exclusion de l'autre étant une fois connus, il en ressort une détonation générale de dérision et de colère. Ce n'est pas une chose extraordinaire.

S'il était question de proposer, pour un pont à faire sous la Seine, un ingénieur habile, et qu'on consultât à cet égard nos sociétés savantes, il est possible qu'elles proposassent M. Brunel actuellement à Londres, encore que peut-être il ne soit pas affilié aux jésuites et qu'il n'aille pas régulièrement à la messe. Ce candidat étant proclamé de toutes parts, si on apprenait que ce dernier motif, celui de n'être pas voué aux jésuites, ou de n'avoir pas de reliques dans sa chambre, a déterminé son exclusion; on sent l'impression qui en résulterait dans le public.

On dira peut-être que c'est la haine de la dévotion, ou celle des reliques, qui cause cette opposition. Pas le moins du monde. Il y a sans doute une haine générale contre le *parti prêtre*. Dans les choses civiles, on ne veut de son autorité ni directement ni indirectement. Mais ce qui prouve que, dans cette haine, la dévotion n'est pour rien; c'est qu'il en serait de même à l'égard de toute autre chose étrangère à la médecine.

Je suppose que M. Récamier, au lieu d'être un virtuose de reliques, soit tout simplement un virtuose de musique. Je suppose qu'occupé sans cesse des œuvres de Mozart, d'Haydn et de Rossini, il soit porté à la chaire de médecine, par un comité de *dilettanti*, lequel serait parvenu, comme aujourd'hui le parti prêtre, à subjuguer le gouvernement; certainement on trouvera tout aussi mauvais que M. Récamier, en sa qualité de professeur de musique, soit porté à une chaire de médecine, qu'on le fait aujourd'hui parce qu'il est professeur de dévotion et de reliques.

Par elles-mêmes ces reliques ne méritent pas plus de défaveur que la dévotion. Même humainement parlant, l'honneur accordé aux reliques ne présente à personne rien de déplacé. Quel est celui de nous dont le cœur ne s'attache pas aux restes qu'il aura pu recueillir d'un père, d'un ami, d'une femme chérie ! Quel est celui qui ne serait pas satisfait d'avoir quelque chose d'Henri IV, de Sully, ou de Montesquieu ! Ce qui est vrai et beau dans l'ordre des sentimens humains, comment ne le serait-il pas dans l'ordre des sentimens religieux !

Aussi jusqu'au moment présent, personne n'avait pensé à détourner son estime de M. Récamier, sous prétexte qu'il avait dans sa chambre des reliques. C'est tout-à-fait la faute du gouvernement, si en faisant une application fausse, insensée, d'un mérite de dévotion, sans analogie avec la science médicale, il a élevé un mouvement de dérision général sur M. Récamier et sur ses pratiques.

Certes, ce brave homme ne méritait en aucune manière, dans sa personne, les outrages que l'imprudence du gouvernement lui a attirés. Sur cela même, je lui demande mille excuses; mais il m'est impossible de ne pas m'emparer de lui un moment pour le montrer en exemple aux personnes les plus considérables de la nation. Voilà, leur dirai-je, un homme qui pendant long-temps avait été honoré généralement, soit comme chrétien, soit comme médecin, soit comme citoyen, et qui, par la faiblesse d'un ministère sous le joug du parti prêtre, se trouve voué pour le reste de ses jours à la haine et au ridicule. Je ne veux pas être injuste envers le gouvernement; il n'a pas, comme on le lui a reproché, violé une loi, il a seulement violé une règle. Cependant, est-ce si peu de chose que de violer une règle? La règle est une précaution prise dans le calme, à l'effet d'éviter les erreurs de l'esprit dans le trouble; elle est aussi un moyen de fixité dans la conduite. En cela il a été très-bien dit: *Qui regulæ vivit, Deo vivit.* Excepté dans des cas tout-à-fait extraordinaires, si dans une monarchie, le roi, la reine, les princes, les princesses se croient tenus à de simples règles d'étiquette; que penser d'un ministère qui, pour plaire au parti prêtre, s'est permis, au détriment d'un homme qui avait le vœu général, de violer sa propre règle.

Le ridicule de la nomination de M. Récamier, uniquement par considération pour ses pratiques dévotes, s'est encore aggravé par l'association des dix à douze jeunes gens, ses élèves, qu'on a vu arriver avec lui. Le parti prêtre a sans doute regardé comme une fortune cette adjonction de dix à douze jeunes gens dressés par lui, sous la conduite de M. Récamier, à dire le chapelet, et à réciter les prières de la Congrégation. Il a cru qu'aussitôt les autres élèves de médecine, ainsi que ceux des autres écoles, seraient amenés à suivre cet exemple. Il ne pouvait se tromper plus grossièrement. On ne pourrait mieux travailler pour l'impiété, si on voulait le faire; et c'est là, Monseigneur, ainsi que je me propose de l'observer bientôt, un exemple frappant, de plus, du mal que des hommes ineptement religieux peuvent faire à la religion.

C'est ainsi que le gouvernement a soulevé de toutes parts, non pas, comme il le croit, seulement les jeunes gens, mais l'opinion de toute la France. L'irritation qui a éclaté à ce sujet doit être regardée moins comme un fait particulier que comme un symptôme.

Il me reste un dernier point de cette irritation à noter; c'est au sujet de l'éducation publique. Je vais parler d'une des plus précieuses de nos institutions, de l'Université.

CHAPITRE IV.

DE L'INSTRUCTION PUBLIQUE. — PRÊTRES DANS L'ENSEI-
GNEMENT. — ÉDUCATION RELIGIEUSE. — ÉDUCATION
MONDAINE. — AVANTAGES QUE PROCURE L'UNIVERSITÉ.
— ATTAQUES PAR LESQUELLES ON VEUT LES FAIRE
ÉVANOUIR.

J'ai montré, dans ma première partie, comment, par le fait des atteintes continuelles portées à l'Université, celle-ci devait progressivement tomber et s'anéantir entièrement. Il serait difficile en effet qu'elle tînt longtemps en présence d'écoles rivales qui n'ont aucune rétribution à payer, et qui, soutenues par tout le parti prêtre, ont pour leurs élèves, en expectative d'emplois et de grâces, toute la faveur du gouvernement. On veut que l'Université périsse : elle périra. Toutefois, en attendant que cet événement désiré s'accomplisse, la France, à qui on présente, dans les maisons de prêtres ou de jésuites, un système d'éducation qui ne lui convient pas, et qui voit chanceler et s'évanouir celui dont elle était en possession, est mécontente et elle murmure.

Ces plaintes portent sur deux chefs : le premier, le spectacle d'une ancienne institution respectée, et qu'on tient délabrée, dans l'espérance de la défavoriser et de la décréditer; le second, la perspective odieuse de voir dans peu l'éducation nationale confiée aux jésuites et au parti prêtre. A quoi il faut ajouter le scandale des lois violées avec impudence, indice du mépris qu'on porte à toutes les lois.

A l'égard des prêtres, je vous prie, Monseigneur, de porter votre attention sur les deux propositions suivantes, en apparence contradictoires: Nous les voulons; et nous ne les voulons pas. C'est comme hommes religieux et pour la vie religieuse, que nous les voulons. Comme citoyens et pour la vie civile, nous n'en voulons pas. Nous les voulons comme hommes religieux à l'église et dans nos affaires particulières de conscience. Nous n'en voulons pas dans nos maisons et dans nos affaires civiles; pas plus pour la direction de nos manufactures, à commencer par la fabrique de draps, et à finir par la fabrique de poudrette, que dans l'administration, à commencer par celle des ponts-et-chaussées, et à finir par celle des boues et des lanternes. Nous n'en voulons pas davantage dans l'administration de l'armée et dans la direction de nos finances et de nos affaires politiques. Le temps des cardinaux Dubois et des abbés Terray est passé.

Pour ce qui est de l'éducation publique, je puis dire également que nous en voulons et que nous n'en voulons pas. Dans le cours d'études qu'ont à suivre les jeunes gens destinés à la profession ecclésiastique, si quelques-uns s'élancent dans la ligne des lettres, des sciences et des arts, de manière à faire espérer de grands services à l'enseignement, nous les désirons, nous les voulons; mais alors c'est comme savans et non pas comme prêtres. L'ordre de Malte tout religieux admettait dans son sein des prêtres pour le service religieux; mais ces prêtres n'entraient pour rien dans la souveraineté de l'ordre. Pendant long-temps, les moines ont affecté de ne point admettre de prêtres; dans ces derniers temps même, il en était, je crois, qui avaient persisté dans cette règle.

C'est au prêtre, dans ses préparations à la première communion, de disposer convenablement la jeunesse à la vie chrétienne. Voilà sa part dans l'éducation publique. Cet acte de notre virilité religieuse accompli, lequel correspond au port d'armes, c'est-à-dire au premier acte de la virilité militaire chez certains peuples, l'enfant doit être retiré des prêtres, comme précédemment il a été retiré des femmes.

Là commence l'éducation mondaine, apanage essentiel de l'Université; non pas que les préceptes de la religion y doivent être négligés ou méprisés, mais ils ne doivent pas en faire le fond. Tout ainsi que l'ouvrier qui a fait sa prière du matin ne s'occupe plus ensuite d'oraisons ou de pratiques religieuses, mais donne tout le reste de son temps au travail de sa profession, sans penser au prêtre et à ses pratiques; de même le jeune homme qui, dans la carrière des lettres, des sciences et des arts, est une espèce d'*ouvrier de l'esprit*, comme l'autre est un *ouvrier de peine*, doit, sans négliger les préceptes religieux qui lui sont imposés, donner (ces accessoires remplis) tout le fonds de son temps et de son esprit aux objets d'esprit dont il est occupé. Sans cela il n'ira pas, ou il ira mal, et surtout il ne parviendra pas à ce faîte d'instruction, où il peut devenir un exemple pour ses concitoyens, et une espérance de gloire pour sa patrie.

C'est là l'unique objet de l'Université. Il n'est pas mal sans doute de prévenir la jeunesse contre *l'abus des talens;* mais ce n'est pas, comme le veut M. d'Hermopolis, *le principal:* c'est l'accessoire. L'objet principal est de lui faire acquérir les talens. Plaisante manière d'instruire un militaire dans l'art de la guerre, que de commencer par lui en faire connaître les inconvéniens!

Après cela, comme il n'est pas question ici seulement d'une éducation individuelle, mais d'une éducation publique, laquelle rentre dans la vie commune, il y a pour cette vie commune des règles importantes qui lui sont propres. Ces règles, plus compliquées qu'on ne croit, forment une science particulière pour laquelle on peut trouver, soit dans

Saint-Sulpice, soit même chez les jésuites, de bons principes. A cet égard, si leur intervention n'est pas à désirer, leurs conversations et leurs conseils ne sont point à dédaigner. En mettant à part, dans ces hommes, les préjugés qui tiennent à leurs professions, on trouvera souvent auprès d'eux des observations profondes et des aperçus lumineux; on pourra puiser aussi des lumières dans les pratiques propres à la vie commune, ainsi que dans les différentes professions d'arts et métiers. J'invite à étudier le système de police qui s'y trouve quelquefois établi, avec une justice et un art qu'on serait loin d'imaginer. Mais ce qu'il faut surtout rechercher, c'est le système d'éducation reçu dans les nations protestantes et dans les colléges protestans.

Par ces exemples, on verra comment la morale peut et doit sortir de notre propre conscience; on verra comment, par l'effet d'un sentiment de justice naturellement établi en nous, la morale est le plus souvent un ordre donné à nos actions. Cet ordre émané de nous comme un besoin senti pour nous-mêmes, on verra comment, par un autre besoin également senti, il peut s'établir par rapport à nos semblables; enfin on verra comment, établi ainsi, la religion et ses beaux sentimens viennent ensuite lui donner de la grandeur et le consolider.

Sous ce point de vue et sous beaucoup d'autres, je conviendrai que l'Université, telle qu'elle avait été arrachée par Bonaparte des débris de la révolution, était loin, dans ses premiers momens, de répondre à tous les vœux. Il s'y était introduit, non-seulement une négligence fâcheuse relativement aux sentimens religieux, mais encore, je suis fâché de le dire (et malheureusement toujours par l'effet des prétentions des prêtres qui commençaient à se montrer), un ton de dénigrement et d'hostilité.

C'est certainement ce mauvais esprit qu'il fallait changer, en employant pour cela, non le prêtre et son autorité (je ne cesserai de le répéter), mais une louable intervention des supérieurs laïques. Si par hasard un soldat manquait d'une manière grave à quelque devoir civil et religieux, et qu'un prêtre vînt le réprimander pour cela à l'exercice ou à la caserne, on verrait l'effet qui en résulterait.

C'est précisément ce qu'on a fait. Sous

prétexte de quelques écarts religieux, on a crié AU PRÊTRE, comme on crie au feu dans les incendies. Les écarts et l'incendie ont redoublé. De maladresse en maladresse, d'impéritie en impéritie, on a imputé à l'Université les fautes qu'on ne cessait de commettre. Finalement on a réalisé, au profit des jésuites et du parti prêtre, non des réparations et des améliorations, mais l'ébranlement d'un édifice, objet depuis long-temps de leur jalousie.

Je ne puis douter que Votre Excellence ne déplore cette disposition. Il me paraît impossible qu'elle ne mette ainsi que moi une grande importance à un établissement qui n'a pas seulement le mérite (mérite assez grand pour un royaliste) d'être une institution ancienne, et de lier ainsi, selon le vœu de l'auteur de la Charte, les temps anciens aux temps nouveaux; mais encore de former, aujourd'hui une sorte de lien entre toutes les nations et par-là même d'être, dans toute l'Europe, un élément général de civilisation. Au moyen d'Oxford et d'Edimbourg, de Gottingue et de Paris, au moyen des autres grands établissemens du même genre, l'Université rapproche et met continuellement en contact les esprits éclairés. Foyer de science, elle l'est encore plus de sentimens généreux. La chevalerie des armes a pu, par le laps des temps, prendre différentes modifications. La chevalerie de la science a marché avec elle et à côté d'elle. L'Université tient ainsi au génie ancien de la France, à sa gloire, à ses mœurs. Aujourd'hui elle est l'aîne de la civilisation, elle l'affermit partout où elle chancelle ; elle l'appelle partout où elle est éteinte. Monseigneur, abroger l'institution de l'Université, ou, ce qui est la même chose, lui ôter l'instruction publique, pour mettre à sa place des jésuites, de prétendus petits séminaires, de prétendues écoles ecclésiastiques, parce qu'elles sont sous la main du parti prêtre; je vous préviens que c'est rendre odieux, par-là, à toute la nation et le gouvernement et le parti prêtre.

Je dis abroger, et comment s'y prend-on pour cela ? Est-ce en suivant la voie légale par laquelle des institutions nouvelles peuvent s'élever, des institutions anciennes s'effacer? Non. Mais, par un système mi-parti d'audace et d'hypocrisie; d'audace par laquelle on enfreint les lois existantes avec impudence; d'hypocrisie par laquelle des menées souterraines sont combinées de toutes parts avec les attaques directes; vous avez beau après cela vouloir rassurer la France en lui montrant quelque partie de ses lois et de sa constitution que vous affectez de respecter; vous l'épouvantez par le spectacle de celle que vous ne cessez hautement de saper et de renverser.

Voilà, Monseigneur, l'état dans lequel se trouve placé aujourd'hui, par le fait d'un gouvernement subjugué, tout l'ensemble de l'opinion.

Je vais examiner sous d'autres rapports l'effet que doit avoir un tel mouvement.

CHAPITRE V.

DU ROI ET DE LA MONARCHIE. — EST-IL PERMIS DE S'OCCUPER DES INTÉRÊTS DU ROI ? — DANGERS QUI MENACENT LA MONARCHIE.

J'ai dû, avant tout, épuiser ce qui a rapport à l'opinion publique. Un dégoût et une irritation générale, telles sont les premières conséquences qui résultent de la conduite du gouvernement. Malheureusement ces conséquences peuvent mener à d'autres conséquences.

Et d'abord c'est du Roi et de la monarchie que je veux m'occuper.

Selon beaucoup de personnes, je ne devrais pas prendre ce soin. Une doctrine qui cherche à s'établir aujourd'hui, c'est que le Roi étant un être revêtu au plus haut degré de dignité et de majesté, on ne doit point s'occuper de lui. Je ne sais si on permet de prononcer son nom; il est défendu surtout de le croire en danger. Car c'est encore une autre doctrine en faveur que le Roi, *ne pouvant faire de mal*, ne peut pas non plus en recevoir. D'après cela, de quelque manière que se conduisent ses serviteurs, qu'ils le trahissent ou qu'ils ne le trahissent pas, qu'ils conspirent ou qu'ils ne conspirent pas, qu'ils enfreignent les lois ou qu'ils ne les enfreignent pas, que par leur conduite ils révoltent les esprits ou qu'ils ne les révoltent pas, selon plusieurs grands politiques, même à ce qu'ont dit des avocats-généraux, rien ne peut atteindre le Roi et le trône.

Singulière doctrine en vérité ! Dieu a dit que ses paroles ne passeraient pas, mais il a dit aussi que le ciel et la terre passeraient. Il n'en a pas excepté sûrement les trônes et les empires. Nous savons par l'histoire que les trônes et les empires sont sujets à passer. Hélas ! nous ne le savons que trop par nous-mêmes; contemporains de leur gloire, nous l'avons été de leur chute; nous l'avons été également de leurs écarts et de leurs fautes.

Pénétré de ces vérités, un orateur a dit :

Mes frères, Dieu seul est grand. Il aurait pu ajouter : Dieu seul est immuable, Dieu seul est éternel. On sait par-là même que les rois ne le sont pas, et pourquoi ne le sont-ils pas ? Comment un trône peut-il tomber ? C'est une question que les publicistes se sont toujours cru en droit d'examiner.

Junon irritée peut dire : *Si je ne puis fléchir les Dieux, je remuerai l'enfer.* J'ai remarqué souvent que l'enfer n'a pas besoin d'être remué, il se remue tout seul. Apercevant les fautes des rois, il les dénonce à l'ambition des grands ; cette ambition des grands, il la révèle ensuite à la férocité des parties basses du peuple. En ce moment l'enfer ne se contente pas d'avoir obtenu des ministres, l'infraction des lois, c'est-à-dire un crime complet de trahison ; s'il parvient dans les sujets à en faire sortir un autre crime, celui de la désobéissance et de la révolte, son œuvre sera accomplie.

J'ai parlé de trahison ; certes il faudrait supposer dans une nation une cécité bien générale sur toute espèce de droit, si une désobéissance formelle aux lois établies ne lui paraissait pas un acte positif de trahison de la part de son gouvernement. Dans le cas présent, et surtout lorsque des ministres ont été avertis et par les décisions du barreau, et par celles de la Cour royale de Paris, et par celles de la Chambre des pairs, il est évident comme la lumière du jour, qu'il ne manque que la formalité d'une accusation de la Chambre des députés, pour que tout le ministère disparaisse.

Dans ce cas cependant, les ministres ne veulent pas disparaître. Ils ont inventé un système ; présenté sous des formes séduisantes, ce système a plu; il a été adopté. Cependant ce système est faux, il est pernicieux, il est contraire aux lois, il élève partout la confusion et le désordre. N'importe, les ministres n'en tiennent compte. Ils ont à leur service des baïonnettes et des gendarmes.

C'est à merveille. Cependant d'un autre côté, si on a pour soi les Chambres, les magistrats et les lois, ceux-ci prononçant d'une façon au nom du Roi, et les ministres et les gendarmes prononçant d'une autre façon également au nom du Roi, de ce conflit je vois sortir un grand tumulte; je me demande de quel côté est la révolte.

Dans ce conflit, si c'est le peuple et les lois qui triomphent, les ministres accusés pourront sans doute s'appuyer de quelques ordres particuliers, divulguer des confidences secrètes ; tout cela leur sera de peu de service. Ils doivent s'attendre qu'on les jugera selon la Charte. Et ce n'est pas seulement la Charte octroyée par Louis XVIII ; j'ai sur ma table dix autres Chartes également octroyées, par lesquelles nos rois défendent à leurs Cours de justice d'avoir égard à leurs lettres closes, ainsi qu'à toute espèce de jussions de leur part qui seraient contraires aux lois. J'ai en outre l'ancienne formule du serment imposé au chancelier de France, par lequel il jure de ne sceller aucun ordre du Roi contraire aux lois, *encore que le commandement lui en eût été fait par plusieurs fois*. De-là est venu parmi nous, et surtout pour les parlemens, la liberté d'accuser les lettres royales d'être subreptices, et de dire au Roi sans inconvenance que sa religion a été trompée.

Dans la position qu'ont prise les ministres, si nous avons la certitude que tôt ou tard ils seront attaqués, avons-nous de même la certitude que les formalités constitutionnelles seront exactement observées ? L'enfer qui, dans ce conflit, se sera remué et qui aura probablement remué avec lui les passions populaires, s'en tiendra-t-il à cette marche régulière et compassée ? Je ne le sais pas : je le demande.

Cependant qu'on se rassure ; ce sont, à ce qu'on m'affirme, les gendarmes et les ministres qui triompheront. Dans cette supposition, quelqu'un pourra-t-il me dire ce que deviendront les voûtes du temple quand les colonnes auront été ébranlées ? Pourra-t-il me dire ce que les triomphateurs feront de leur triomphe, le lendemain de leur triomphe ; ce qu'ils feront des vainqueurs et des vaincus, et surtout comment ils continueront à gouverner l'Etat au milieu des masures de lois et de Charte qu'ils auront faites ?

Quel que soit l'événement, nous pouvons le demander franchement : et les jésuites de Mont-Rouge, et ceux de Billom, et les congrégations politiques, et celles de M. de Croï, tout cela offre-t-il quelque compensation pour le bouleversement de toutes nos lois, le soulèvement de toutes nos forces, et les larmes et le sang qui seraient versés ?

C'est pourtant à de telles choses que veut nous amener la coterie qui domine en ce moment le ministère.

Ce parti est divisé en deux factions : l'une veut l'emporter par la violence et par des coups d'Etat, l'autre par l'adresse et par la prudence. Pour l'une et l'autre, tout est bon, pourvu qu'elle parvienne à son grand objet : L'OBÉISSANCE AUX PRÊTRES.

Nous ne voulons l'accepter par aucune voie. De quelque manière qu'on nous présente ces nouveaux maîtres, soit à découvert, revêtus du surplis et de la soutane, soit sous la toge du magistrat ou la broderie du préfet, on peut compter que toute intervention de leur part dans nos choses civiles sera repoussée. Pour nous conduire à ce but, on aura beau employer les tournures ingénieuses de M. Dudon et de M. de Vitrolle, s'embellir de l'éloquence de M. de Bonald, de la dignité éminente de MM. de Latil et de Clermont-Tonnerre; on aura beau se couvrir de la mysticité pathétique de MM. Tharin et de Macarthy; on aura beau avoir recours aux subtilités *ignaciennes* des pères Loriquet et Jennesseaux ; y ajouter même comme autorité le respectable dévouement de MM. de Rivière et de Polignac, nous rendrons honneur aux mérites divers de ces hommes éminens; mais, pour ce qui est de leur utopie *prêtre*, nous n'en voulons pas. Placez d'un côté la gloire combinée avec la servitude; la France pourra être ébranlée. Offrez-lui l'obéissance au prêtre : elle n'hésitera pas. On aura beau jeter sur elle, avec le filet des congrégations religieuses, celui des congrégations politiques; on aura beau renforcer les mailles de ces deux filets par des escouades de missionnaires et de jésuites; soit qu'on marche franchement à ce but par la violence, soit qu'on chemine seulement à petit bruit, on peut être sûr que la violence sera détestée, la ruse exécrée; l'une et l'autre repoussée autant qu'il sera possible.

Monseigneur, voyez le sol actuel de la France, comme il est beau! Je vous le demande en grâce; semez-y la paix. Permettez-moi de vous dire que vous y semez la révolte.

La religion est pour moi, dans cette position, un autre sujet d'alarme dont je vais m'occuper.

CHAPITRE VI.

DE LA RELIGION : ELLE EST NATURELLE CHEZ L'HOMME. — MANOEUVRES MISES A DÉCOUVERT. — ÉTATS COMPARATIFS DE LA RELIGION EN FRANCE SOUS L'EMPIRE, ET DEPUIS LA RESTAURATION. — VARIATIONS DANS L'ENSEIGNEMENT DE SES PRINCIPES ET DE SA MORALE, SUIVANT LES LOCALITÉS ET LES PERSONNES.

Ceux, Monseigneur, qui probablement comme vous, et certainement comme moi, mettent une grande importance aux sentimens religieux; ceux qui y voient, non comme quelques personnes, un simple élément politique, mais comme tous les gens sensés, un grand élément moral, et par-là même un appui des sociétés; ceux-là s'attachent à faire honorer les prêtres, non certes dans les défectuosités de leur conduite, dans les déréglemens de leur ambition, dans leur concupiscence effrénée de domination, mais dans les saintes fonctions de leur ministère, dans les attributions légitimes qui appartiennent à ces fonctions. Laissons à un petit troupeau de personnages asservis, abrutis, aplatis, le mérite d'honorer le prêtre quoi qu'il fasse. Il y a, à l'extrémité de l'Asie, un pays où on ne l'honore pas seulement, on l'adore; on adore aussi ses ordures; mais nous, qui voulons conserver à nos prêtres les avantages de respect qu'ils méritent, nous devons leur faire connaître comment ils les méritent et comment aussi ils peuvent s'en rendre indignes. Encore une fois, et je ne puis trop le répéter, il ne s'agit point ici de quelques méfaits scandaleux qui percent çà et là dans le public; il n'y a, heureusement pour ces méfaits, ni un système particulier de doctrine, ni une coterie ou faction particulière qui les préconise; ces méfaits, comme je l'ai dit, sont, de la part des supérieurs ecclésiastiques, un objet de blâme et de réprimande sévère.

Si nous n'avons rien à leur dire de ce côté, nous n'avons rien non plus à leur apprendre à l'égard des règles du culte et des principes de la foi; ils savent tout cela mieux que nous. Il s'agit seulement, dans la ligne de l'ambition, de les avertir de leurs écarts et de leur tendance continuelle vers une sphère mondaine, à laquelle ils s'accrochent obstinément de tous leurs efforts, encore qu'elle leur soit étrangère, et de laquelle, pour l'intérêt de la religion ainsi que pour leur propre intérêt, il faut absolument les repousser avec des efforts et des forces supérieures.

Leur plan est de manier le monde, de le composer à leur guise pour en faire ensuite tout ce qu'ils voudront. Après avoir manié et pétri à leur aise toute cette pâte humaine, ils croient sans doute (ils le disent du moins) que c'est pour les intérêts du ciel; mais ils savent très-bien que cette pâte, une fois moulée et assouplie à leur façon, demeurera ensuite à leur discrétion.

Ce manége, son but, ces moyens, dès qu'ils sont aperçus (et ils le sont toujours facilement), peuvent déterminer une grande résistance. Dans ce cas, s'il y a à la fin une partie du public lassée, décidée à ne rien croire de ce que disent les prêtres, à ne rien blâmer de ce qu'ils font, ce qui compose une classe assez nombreuse d'indifférens; il en est une autre qui, s'obstinant à demeurer dans la voie religieuse, voudrait jouir de la religion et de ses ministres comme de quelque chose qui lui appartient et qui est à son service. Ceux-là voudraient trouver dans les prêtres, non des maîtres, mais des ministres, c'est-à-dire des serviteurs; c'est-à-dire encore des prêtres, non tels qu'ils sont aujourd'hui, mais tels qu'ils ont été institués, remplissant la double vocation de serviteurs de Dieu et de serviteurs des peuples.

Que les prêtres d'aujourd'hui manquent à cette double vocation : c'est ce qu'il ne me sera pas difficile d'établir.

Et d'abord, la religion n'est point pour l'homme une plante étrangère qu'il faille absolument planter en lui de force, et quand on l'a plantée, la défendre ensuite de force; l'homme est naturellement religieux, seulement il pourrait l'être mal. On l'a vu autrefois, dans ses folies, adorer le soleil, la lune, même des animaux; il pourrait encore aujourd'hui, si on le laissait faire, tomber dans des superstitions plus ou moins grossières. Cela même décèle la première mission du prêtre : il ne fait pas la religion, il la règle.

Dans une nation qui a le bonheur d'avoir une religion pure, et où cette religion a pour elle l'autorité du temps, l'autorité du Roi, celle de nos magistrats et de nos pères; cette religion est tellement établie, qu'il n'y a plus qu'à la ménager et à la conserver; et alors il faut se garder d'aller crier sur les toits, comme nos missionnaires : « Venez, venez tous; je vais vous prouver que cette religion, que vous chérissez, n'est pas fausse; que l'existence du Dieu que vous honorez, n'est pas une chimère; que Jésus-Christ, que vous adorez et que vous servez, n'est pas un imposteur; et, comme sans doute vous n'avez pas plus d'ame que vous n'avez d'esprit, je vais vous prouver, par de bons textes tirés de l'hébreu, que vous ne devez tuer ni votre père, ni votre mère, ni votre prochain, ni votre ami, etc. » Monseigneur, chercher par des preuves de ce genre à établir la religion, c'est détruire d'avance ce qu'on veut établir.

La religion étant naturellement dans le cœur de l'homme, ce à quoi il s'attache avant tout, c'est à la religion de ses pères et de son pays; la morale étant de même naturellement dans le cœur de l'homme, il suit sans difficulté le sentiment uniforme qu'il trouve dans toutes les consciences, et qui, dans la société établie, compose les mœurs publiques.

Dans tout cela, le prêtre demeurera-t-il sans fonctions? Non, sans doute; les actes de respect et d'amour qui composent le culte, les invocations adressées à la force des forces à l'effet de soutenir notre faiblesse, forment particulièrement son apanage. Le ministère du prêtre, employé comme intermède de sainteté, pour présenter au ciel nos hommages et les lui rendre plus acceptables; ce ministère, employé encore pour obtenir d'en haut la force capable de nous soutenir quand nous sommes debout; et encore quand nous sommes tombés, la force nécessaire pour nous relever! Prêtres, qui me regardez comme votre détracteur, est-ce qu'une semblable mission ne vous paraît pas assez belle? Faut-il la dénaturer, faut-il l'exagérer, l'outrepasser?

C'est ce que vous faites dans les divers points que je vais rappeler.

Vous emparer, par tous les moyens possibles, comme étant votre domaine, de l'éducation de l'enfance, de l'éducation privée et de l'éducation publique ;

Dans l'éducation, vous jeter dans l'abus et la multiplication outre mesure des pratiques religieuses ; établir, dans les enfans, l'habitude de n'avoir de morale que par ces pratiques et avec ces pratiques ;

Dans le cours de la vie, le principe admis de faire regarder ces pratiques comme des préceptes, et de porter, par tous les ressorts imaginables, la vie chrétienne dans la vie dévote ;

Le principe admis ensuite de tenir les fidèles dans cette voie, d'abord par toutes les forces et l'autorité d'en haut, mais encore d'employer à cet effet l'autorité du Roi, celle des magistrats sur les citoyens, des maîtres sur les ouvriers, des pères sur les enfans, et de vous emparer ainsi de l'influence, et au besoin de tous les postes de la vie civile : tels sont, vous ne l'ignorez pas, vos directions et votre plan.

Il est possible que, dans l'ensemble de ce plan le plus grand nombre des prêtres (je l'espère même) ne voient que des moyens de conquêtes pour le ciel ; mais les coryphées, c'est-à-dire ce que j'appelle *le parti prêtre*, n'est pas sans y voir une autre espèce de conquête.

Qu'il le voie ou qu'il ne le voie pas, comme cet effet appartient certainement à sa cause, la société qui se sent saisie, se démène de son mieux. De-là une résistance générale, élément de haine pour les prêtres ; pour la religion, d'aversion et de dégoût ; pour la vie dévote, de dérision et de sarcasme ; pour le gouvernement, de colère et de mépris ; pour le corps de l'État, de discussion et de trouble.

Et d'abord, relativement à l'éducation, ce n'est pas moi seul, mais encore les plus grands maitres de la vie spirituelle, qui condamnent cette manière de saisir l'ame tendre des enfans, soit en l'échauffant et l'amollissant dans des effusions continuelles d'amour, soit en la chargeant d'observances pieuses, surtout en l'accoutumant à n'avoir de morale qu'à l'aide de ces effusions et de ces observances. Ils pensent qu'à l'âge viril, ces effusions prendront malheureusement un autre caractère, et que, l'habitude des observances s'effaçant nécessairement dans la vie du monde, la morale qu'on y aura attachée s'effacera avec elles.

Appliqués au cours ordinaire de la vie, ces principes me paraissent encore plus dangereux. Il faut se garder de faire de la vie dévote un objet de dédain. Ce dédain s'appliquerait bientôt à la religion elle-même. C'est ce qui arrivera, lorsque, peu contens du train ordinaire de la vie chrétienne, vous chercherez à la porter, bon gré mal gré, dans la vie dévote, faite pour quelques ames privilégiées. C'est une vocation toute particulière, qu'il faut se garder d'établir, comme une vocation générale. C'est ce que vous avez très-bien senti quand vous avez fait la distinction des conseils et des préceptes : distinction au surplus assez singulière; car on ne comprend guère le moyen de résister à des conseils divins. Aussi, n'est-ce qu'en apparence que vous avez fixé ces distinctions; car aussitôt vous revenez sur le grand précepte *d'être parfait comme notre père céleste est parfait;* auquel vous ajoutez *que celui qui est saint, doit se sanctifier encore; que celui qui est juste doit se justifier de nouveau.* En généralisant l'application de ces maximes, vous avez généralisé comme devoir les observances qui s'y attachent. De cette manière, à moins d'une révolte, on ne peut plus vous échapper; par cette raison même, on se révolte.

Vous le sentez si bien, que bientôt les foudres même du ciel ne vous suffisent pas. Vous glissant d'une manière pateline dans tous les pouvoirs de la société, ce que vous ne pouvez obtenir par l'ordre de Dieu, vous cherchez à l'obtenir par l'ordre du Roi; vous remuez les citoyens par les magistrats, les enfans par leurs parens, les maris par leurs femmes, les ouvriers par leurs maîtres. En imitation des jésuites, toute base vous est indifférente pourvu qu'elle vous serve de point d'appui. De la monarchie ensuite, ou de l'aristocratie, ou de la démocratie, tant qu'on voudra.

C'est ainsi que, selon la position où ils se trouvaient, les jésuites prêchaient, à la Chine, le culte des saints ou celui des ancêtres, Saint-Pierre ou Confucius, le despotisme ou la république. On me parle, dans mes lettres de Paris, de beaux ouvrages qu'ils publient en Amérique contre les monarchies. Pourvu qu'ils arrivent à la domination, tout drapeau, toute doctrine, toute couleur est bonne; peu leur importe. Une seule chose partout leur déplaît. Comment tenir à la messe, à vêpres, au salut, au chapelet, aux trois *angelus*, puis à toutes les autres pratiques de dévotion enrichies d'indulgences, des hommes, dont l'esprit, les mains, tout le temps est employé à des fabriques, à des manufactures, à des projets, à des conceptions, à des entreprises mondaines de tout genre ?

C'est ainsi que d'un côté, par l'exagération des maximes chrétiennes, d'un autre côté, à force de captations et de soins, *le parti prêtre* tend à mettre la société dans sa main. En multipliant sous divers prétextes les prescriptions, les rites, les définitions abusives du bien et du mal, les proscriptions des transactions du commerce, celles des bals et des spectacles; en un mot les règles de tout genre ; aucune issue n'est laissée. Pour peu qu'elle soit religieuse, la société est saisie et possédée en tout point. *Possédée*, c'est le mot. Certainement, Monseigneur, il vaut mieux être possédé du prêtre, qu'être possédé du malin esprit. On voudrait n'être pas possédé du tout; et alors il faut de deux choses l'une, ou que la société tombe dans l'abrutissement du huitième et du neuvième siècles, ou qu'elle se révolte contre le parti qu'on lui présente.

Il est bon de signaler à cet égard deux espèces de ruse : la première consiste à ériger, soit par des confréries, soit par des congrégations, des institutions dans lesquelles on dresse un certain nombre de jeunes gens, comme recruteurs de dévotion. En terme d'oiseleur, c'est ce qu'on nomme, je crois, *appelans* [1]. Ces *appelans*, portés par tous les moyens de la faveur dans toutes les voies, remplissent sûrement de leur mieux leur mission. Ils n'y ont pas toujours du succès. C'est qu'avant tout, dans les choses de Dieu, ce qu'on veut c'est l'entière liberté. Il suffit de laisser ouvertes aux chrétiens les voies de la piété. On y entrera ensuite si cela convient. Mais, sur toutes choses, on ne veut être pris

---

[1] On voit de ces *appelans* partout. On les trouve principalement parmi les jeunes congréganistes : tels sont les dix ou douze disciples attachés aux pratiques pieuses de M. Récamier, et sur lesquels on comptait pour changer toute l'école de médecine.

ni à la glu du prêtre, ni à ses trébuchets.

Une autre espèce de ruse, c'est de mettre de temps en temps une espèce de rémission dans la conduite de ces diverses trames. S'agit-il des jésuites? un ministre vous dira : *On m'en demande de tous les côtés ; mais j'en accorde fort peu. Il y a même une maison de cet ordre que nous avons supprimée.*

D'un autre côté, on nous dit de certains mandemens d'évêques, de certaines instructions pastorales, que ce sont des faits particuliers qui n'ont l'assentiment ni du clergé, ni du gouvernement. A l'égard des simples prêtres, on nous dit de même que c'est imprudence de leur part, étourderie : en un mot, c'est momentanément un désaveu complet.

Toutes ces ruses ne font aucune illusion. Et d'abord, relativement à ces momens de rémission, quel est celui de nous, un peu au fait des affaires humaines, qui ne connaisse cette manœuvre? Au manége, quand l'écuyer vous enseigne à dresser un cheval fougueux, il ne vous dit pas de tendre continuellement la bride, il vous conseille de lâcher la main. Ceux qui n'ont l'habitude, ni de la mer, ni des marées, peuvent croire que la marée montante est quelque chose qui s'avance progressivement avec régularité: ils sont tout étonnés qu'un flot, qui s'était avancé au loin dans la plage, recule ensuite comme s'il voulait l'abandonner; mais un flot nouveau reprend bientôt le terrain abandonné, et se porte plus loin que le précédent.

A l'égard du jeune clergé, qu'on abandonne quelquefois au blâme, cela me rappelle un grand souverain du Nord auquel on portait des plaintes contre ses Cosaques; le lendemain il fit piller ses propres voitures. Les gens de la cour s'étant plaints à Napoléon d'avoir eu leurs carrosses visités par les gens des droits réunis, le lendemain il ordonna qu'on visitât les siens. A Rome on se plaint aussi des écrivains ultramontains et de leurs congrégations; en secret, on les encourage, on les excite. En France, surtout aujourd'hui, on peut être trompé un moment : long-temps, c'est impossible. Dans le fait on ne l'est plus du tout. Un sentiment de mépris, de haine, de dégoût poursuit de tous côtés, et le *parti prêtre* et ses prétentions. Malheureusement on ne s'arrête pas là.

Comme ce parti ne cesse d'associer ses prétentions à la religion même et à ses institutions, il en résulte que la religion et ses institutions sont atteintes.

Dès l'année 1814, j'avais prédit que tel serait bientôt le résultat de la marche qu'on tenait. Depuis ce temps, mes prédictions ne se sont que trop réalisées. Le *parti prêtre* n'a pas plutôt voulu s'emparer des écoles, et les accabler de ses prescriptions et de ses pratiques, qu'on a vu en ce genre des profanations telles que je ne me permets pas même de les rappeler. Les journaux ne les ont que trop détaillées.

Ce n'est pas d'un seul côté : de toutes parts on a pu reconnaître, dans les choses religieuses, un délabrement général.

Je ne sais si le fait est exact; mais comme il a été publié dans un journal, et qu'il n'a été contredit, ni par les journaux du ministère, ni par ceux de la congrégation, je puis le transcrire tel qu'il est.

« On dresse dans toutes les églises de la capitale un état des hosties consacrées; et, à la fin de l'année, ces états servent à dresser, à l'archevêché un tableau général. Sous l'empire, le total était de cinquante à soixante mille. Depuis trois ans, le terme moyen est de vingt mille. De plus, il n'y a guère qu'une personne sur cinq qui réclame, en mourant, les secours de la religion ; sous l'empire, cette proportion était double. »

Ces faits sont tirés d'un journal de l'Opposition. En voici d'autres non moins importans et d'une source qui ne paraîtra pas suspecte ; ils sont articulés par la Gazette apostolique de Lyon, et répandus de-là dans tous les journaux de province du même esprit : c'est qu'en faisant le dénombrement des écrits contre la religion, depuis le règne des prêtres, comparativement à ce qui existait sous l'empire, la proportion n'est pas seulement décuple, elle est plus considérable encore. C'est, comme le dit très-bien la *Gazette*, UN DÉBORDEMENT.

On veut en tirer des conclusions contre la liberté de la presse ; qu'on les tire contre les prétentions et l'envahissement du parti prêtre.

Mes amis de Paris qui, au fond, pensent comme moi, et qui, dominés par d'anciennes préventions, ne peuvent s'accoutumer à séparer de la religion les ministres de la religion, encore que, dans leur ligue politique, ils ne cessent de séparer de la royauté les ministres de la royauté, déplorent et mes accusations et cette expression même de *parti prêtre*. Ils ne cessent de me dire et de m'écrire que ce ne sont pas tous les prêtres, et qu'il y a injustice à faire réfléchir sur tous, les torts et les imprudences de quelques-uns.

Certainement, je sais, comme eux, que ce n'est pas l'universalité des prêtres qui entre dans ce système. Je suis convaincu que, rassemblés tous et ayant à traiter en point de doctrine les maximes que j'ai énoncées, secondés par la piété qui en général les caractérise, éclairés par les lumières de l'Esprit saint qu'ils invoqueraient, ils reconnaîtraient avec moi tout ce que j'affirme; ils blâmeraient avec moi tout ce que je blâme. Il y a à cet égard, soit dans le clergé inférieur, soit au plus haut du clergé supérieur, des hommes dont la bonne foi égale la pureté. J'ai reçu de plusieurs de ces hommes des témoignages d'estime et de bonté que je ne ferai pas connaître, mais dont je les remercie sincèrement. Sans la prépondérance du parti qui les domine, je sais qu'un bien plus grand nombre proclamerait hautement les vérités que je proclame. Mais cette division même a quelque chose qui n'amène pas la confiance. La prépondérance du parti prêtre, c'est-à-dire du parti de l'envahissement et de la domination, demeure établie, et excite envers tous la méfiance qu'on a justement envers quelques-uns.

Dans la partie des préceptes moraux, la même division n'est pas moins fâcheuse; elle produit, au détriment de la religion, les mêmes effets.

En me rappelant mes anciennes lectures de l'histoire ecclésiastique, je crois me souvenir qu'il y eut pendant long-temps une sorte de schisme et d'hérésie appelée des *Quartodécimans :* ces Quartodécimans prétendaient célébrer la Pâque à une époque, tandis que le reste des chrétiens la célébraient à une autre; il en résultait que dans le même pays, quelquefois dans le même lieu, une partie des chrétiens célébraient avec des lamentations le Vendredi-Saint, tandis qu'une autre partie chantait *alleluia.* Ce seul inconvénient parut assez grave pour faire tomber sur les *Quartodécimans* les foudres de l'Église. Aujourd'hui, à beaucoup d'égards, c'est la même cacophonie.

Du moment qu'un prêtre particulier se croit en droit de fabriquer la morale et les préceptes à sa fantaisie, on doit s'attendre que cette fantaisie pourra n'être pas uniforme. Ici, par exemple, le prêtre proscrit le prêt à intérêt; là, il le trouve légitime; ailleurs, il fait une distinction en faveur de ce qu'il appelle *lucrum cessans* et *damnum emergens;* ici, il vous dispense de telle observance; là, il vous l'impose; ailleurs, il la modifie. Est-ce à l'égard des souverains et des princes ? le bal et le spectacle seront permis. Est-ce seulement pour le public? ils seront interdits. Et qu'on ne croie pas qu'à raison de cette diversité, il y ait quelque ressource pour le pauvre fidèle. Comme, d'après l'ordonnance du concile qui a prescrit la confession pascale, il faut absolument qu'il s'adresse, non à un prêtre qu'il aura choisi, mais à celui de son domicile; sa religion, ses actions, son salut, sa personne, se trouvent à la discrétion de ce prêtre.

Certainement, ce qui par soi est permis, un prêtre n'a pas le droit de le défendre; et ce qui est défendu par soi, un prêtre n'a pas le droit de le permettre. Mais lorsque le prêtre permet dans une commune ce qu'il interdit dans une autre, que faire dans une telle confusion? Ne fût-ce que le doute jeté dans les esprits, n'est-ce donc rien, pour des consciences religieuses, que le doute? Dieu peut-il trouver bon qu'un cœur fidèle se permette envers lui des offenses, sous prétexte qu'on n'est pas bien sûr que ce soient des offenses?

Sur cela, la décision de saint Paul est expresse. Dans toutes choses, selon lui, celui qui a la confiance est innocent, celui qui a du doute est coupable. Il en donne la raison : *Quia non ex fide; omne autem, quod non est ex fide, peccatum est*[1].

---

[1] Il s'agissait de viandes offertes aux idoles. Selon saint Paul, celui qui en mangeait franchement était innocent; mais celui qui hésitait (*qui autem discernit si manducaverit*) était coupable.

CHAPITRE VII.

EST-CE LE MINISTÈRE QUI FAIT CE QU'IL FAIT?

Au milieu des dangers que courent à la fois la religion, la société et le Roi, on demande de tous côtés, Monseigneur, ce que fait le gouvernement, et ce que c'est que le gouvernement.

Ce que fait le gouvernement? Ma réponse à cette question, si je voulais lui être favorable, pourrait être qu'il ne fait rien, et qu'il laisse faire. Possédé d'un autre esprit que le sien, quand il parle, il ne faut pas toujours croire que c'est lui qui parle; quand il fait, il ne faut pas toujours croire que c'est lui qui fait. Tout ainsi que, dans les anciens possédés, ce n'était pas toujours la pauvre créature humaine qui parlait, mais l'esprit qui était en elle ; de même, quand aujourd'hui notre pauvre gouvernement parle, on est convaincu que ce n'est pas toujours les cinq ou six personnes composant le gouvernement qui parlent, mais un esprit particulier qui est entré en eux.

Cela est si vrai, que ce ministère qui parle, ne parle pas toujours de la même manière. Or, certainement, depuis *Janus* de mythologique mémoire, on sait que les hommes en général n'ont qu'une seule bouche et un seul visage. En général, aussi, ils n'ont qu'une ame et une conscience. C'est ce que témoignent tous ceux qui vous ont vu, Monseigneur, et qui ont vu aussi les autres ministres face à face. D'après cela, si nous voyons sortir de la bouche d'un ministre un jour telle parole et tel ordre, un autre jour une parole et un ordre contraires, il est évident qu'il y a dans la personne de chacun des ministres, deux ministres, c'est-à-dire deux esprits différens. On a dit de Corneille, qu'il y avait en lui un génie particulier qui lui dictait ses beaux vers, et qui ensuite, en l'abandonnant, lui en laissait faire de mauvais. Il est évident qu'il en est de même du ministère, avec cette différence que ce que le ministère fait par l'inspiration de l'*esprit* est plus mauvais que ce qu'il fait par lui-même.

Ce phénomène est sûrement très-extraordinaire. C'est pourquoi, Monseigneur, je vous demande un moment d'attention ; car si je n'ai rien ici à vous apprendre, il importe que vous soyez convaincu que le public sait ce que vous savez vous-même. Il me suffira de vous rappeler les faits et les témoins.

Un premier fait, et celui-là a eu un grand éclat, est la lettre de M. le comte de Corbière à M. le cardinal archevêque de Toulouse, demandant à ce prélat l'observation des lois de l'État relativement à l'enseignement de la déclaration de 1682. Lorsqu'on a vu de cette démarche s'ensuivre, non-seulement un refus d'obéissance, mais même un refus de réponse ; lorsqu'à la suite de ce refus pompeusement proclamé dans les papiers publics, on a vu le ministère poursuivre sa marche, et faire ordonner par les tribunaux une réparation de ce scandale ; le public a cru sérieusement qu'il y avait un gouvernement maître de ses actions, et, comme on dit en latin, *compos sui*. Mais bientôt, lorsqu'on a su que ce même ministère avait été obligé de revenir sur ses actes, notamment de chasser en expiation le chef particulier qui les avait ou rédigés ou conseillés, et qu'ensuite on a vu le même cardinal, à raison de ces méfaits, recevoir du même gouvernement les plus hautes marques de la faveur royale; certainement, le gouvernement qui n'a, comme il a été dit, ni deux faces, ni deux bouches, ni deux consciences, a été forcé dans le second cas, puisqu'il a été libre dans le premier. Un esprit quelconque autre que le sien a dû entrer en lui. C'est ce qui compose un état réel d'obsession ou de possession.

Second témoignage. Le fait ici, Monseigneur, sera pris de vous-même. Le respect profond que je porte au prince qui proclama l'ordonnance d'Andujar, me défend de croire qu'elle fut autre chose que l'expression des instructions même qu'il avait reçues du gouvernement au début de la guerre. On ne peut penser que, dans le plan de cette campagne, une telle chose que des succès n'eût pas été prévue, et que des instructions n'eussent pas été données en conséquence de ces succès. Cependant qu'arrive-t-il?

Tout un parti prend l'alarme, et aussitôt un nouvel esprit, celui de ce parti, entrant dans le corps du gouvernement, le force de dédire ce qu'il a dit, et de donner un démenti... à qui ? A l'héritier même de la couronne.

Troisième fait et troisième témoignage. Une constitution politique est donnée au Portugal. Elle est donnée par son roi, de la même manière que Louis XVIII en a donné une à la France. Le gouvernement, qui en ce moment était livré à lui-même, reconnaît cette constitution. Le loyal M. de Damas dresse ses instructions en conséquence. Bientôt cependant et cette constitution et toutes ces chartes de liberté déplaisent à un certain parti ; et alors *l'esprit* qui est en possession d'entrer dans le ministère, dicte, pour un de nos ambassadeurs, des instructions toutes contraires.

Quatrième fait et quatrième témoignage. En remuant les affaires domestiques de son ministère, M. de Clermont-Tonnerre trouve qu'il serait bon de vendre une portion des bâtimens et des terrains de Belle-Chasse. Le ministre agissait alors d'après lui-même, il était *compos suî*. Cependant ces bâtimens et ce terrain avaient appartenu anciennement à un établissement ecclésiastique. Averti d'abord par les cent cinq voix congréganistes de la Chambre des députés, averti bien plus encore par les censures du *parti prêtre*, un nouvel esprit entre en lui, le possède, et il est forcé de rechercher avec soin des entraves à la vente qu'il avait provoquée.

Cinquième fait et cinquième témoignage. Il est impossible de croire qu'un gouvernement qui compte pour quelque chose dans un Etat la paix et la sûreté publique, inventera de lui-même d'y introduire un élément de trouble. Que si cet élément s'y est introduit sans lui ou avant lui, on doit croire qu'il fera tous ses efforts pour éloigner cette peste. On ne peut contester que l'institution des jésuites ait ce caractère, si toutefois on veut compter pour quelque chose les anciens arrêts des parlemens, les édits de nos rois, ceux de presque tous les souverains de l'Europe qui les ont bannis de leur territoire.

Lorsque l'institution des jésuites est signalée d'une aussi forte manière, si le gouvernement s'acharne encore à la favoriser, je dois croire, même pour son honneur, qu'il se dirige par un autre esprit que le sien : il est possédé...

Sixième fait et sixième témoignage. M. l'évêque d'Hermopolis jouit en France d'une grande réputation, non-seulement de talent, mais encore de beau caractère. Dans des lettres que j'ai reçues de Paris, un jurisconsulte célèbre que j'honore me paraît dans l'enthousiasme de son mérite. M. le comte de Lézardière, dans un discours récent à la tribune, a prôné particulièrement *sa franchise*. M. le comte Sébastiani, de son côté, l'a félicité sur ses principes et sur sa marche *constitutionnelle*. Par cela seul, il me paraît probable qu'un tel homme ne s'occuperait pas à prôner et à enraciner en France l'institution des jésuites, s'il était livré à sa libre volonté; tout au moins cette institution une fois établie contre les lois, il ne souffrirait pas qu'elle violât ensuite les règles comme elle a violé les lois. Sur ce point, nous allons voir deux M. d'Hermopolis. Averti, par le recteur de l'Université, que les jésuites établis dans un certain collége y appellent des élèves externes, il écrit à ce recteur que cette conduite est contraire à l'ordonnance du Roi et qu'il ne doit pas la tolérer. C'est sans doute le d'Hermopolis de M. le comte de Lézardière et de M. le général Sébastiani. Bientôt cependant un autre d'Hermopolis, dans une conférence particulière avec le jésuite supérieur de ce collége, permet la violation qu'il avait quelques jours auparavant défendu de tolérer. On voit par-là que, si en apparence c'est le même homme, cet homme est sujet à être possédé d'une autre volonté que la sienne et d'un autre esprit que le sien.

Septième fait et septième témoignage. Sur ce sujet, Monseigneur, je consens à vous faire grâce de la nomination de M. Récamier, élevé, à raison de ses reliques, à la place de professeur de médecine : nomination tellement ridicule qu'il est impossible de ne pas y reconnaître l'aveuglement d'une coterie frénétique. Je consens de même à ne tenir aucun compte de deux autres nominations du même genre. J'ai à vous rappeler un fait bien plus important : c'est l'irruption subite, presque au même moment et au même jour, des émissaires de la congrégation dans tous les ministères et particulièrement, Monseigneur, dans le vôtre.

Si je vous disais les divers propos de ces émissaires à ce sujet; si je vous disais les démarches humiliantes auxquelles ils vous ont obligé, ainsi que tout le ministère; si je vous disais vos petites résistances, vos petits chagrins et finalement votre défaite; vous seriez bien étonné. C'est ce que je sais d'une manière positive, de vos ennemis comme de vos amis.

Je n'ai plus besoin de poursuivre. L'instruction que j'ai entreprise est complète. Le démon, qui est entré dans le ministère et dont il est possédé, est connu. C'est l'ame du *parti prêtre*, composée d'un élixir de l'esprit des jésuites et des deux congrégations.

Avec cela, où irez-vous, Monseigneur, et où irons-nous?

CHAPITRE VIII.

M. DE VILLÈLE S'IMMOLE POUR LES PÈRES LORIQUET ET JENNESSEAUX. — SA POSITION N'EST PAS TENABLE. — MIS EN ACCUSATION PAR LES DEUX CHAMBRES, IL ENCOURT LA PEINE DE MORT.

Je viens de m'occuper des intérêts de la religion, de la société et de la monarchie. Permettez-moi actuellement, Monseigneur, de m'occuper des vôtres. Quelle qu'ait été jusqu'à présent mon apparence hostile envers vous, c'est encore dans ma pensée un intérêt public, que celui d'un ministre dont les anciens services sont si multipliés, tous les antécédens si honorables, qui, par des talens que personne ne conteste, peut nous donner encore tant d'espérances. Sur ce point, Monseigneur, je dois vous déclarer ce que vous ne savez peut-être pas : c'est que vous avez eu en moi un partisan très-ardent. Vous n'étiez encore qu'un simple député de Toulouse, que mes vœux s'attachaient à vous voir à la tête de nos affaires. Votre belle conduite à l'île de France, dans le cours de la révolution ; votre dévouement et votre courage pendant les cent jours, votre désintéressement et votre modestie à la seconde restauration, la belle réponse que vous fîtes au prince, déjà illustre alors, et que nous avons vu depuis s'illustrer encore par la prise du Trocadéro et par l'ordonnance d'Andujar : tout cela était dans ma pensée, lorsque mes yeux ne vous avaient point encore aperçu, et que mon nom peut-être ne vous avait pas encore été prononcé. Vous aviez eu beau répondre au prince, qui, en témoignage de reconnaissance, vous proposait l'administration de votre ville native, *que vous n'aviez aucun talent pour les affaires;* vos discours à la tribune de la Chambre des députés, démentirent bien vite ces expressions de modestie. Aussi, ce fut une véritable fortune pour moi, lorsqu'à une certaine époque de votre arrivée des provinces du Midi, un ministre, que la France regrette, m'apprit, en me faisant asseoir à table à côté de vous, que vous alliez être appelé au ministère. Depuis ce temps, divers personnages ont pu vous reprocher, ceux-ci de vous être séparé d'eux ; ceux-là, que vos opérations de finances étaient défectueuses ; d'autres ont pu blâmer vos irrésolutions à l'égard de la guerre d'Espagne : sur tous ces points, je puis vous confier l'impression que j'ai éprouvée.

Sur le premier, peu à même de juger de quelque reproche tenant aux détails d'une intimité intérieure, j'ai dû long-temps hésiter.

Sur le second point, c'est-à-dire relativement à vos plans de finances, sans autorité pour juger l'ensemble de vos opérations, j'avouerai franchement que votre trois pour cent et votre réduction des rentes m'ont paru conçus avec habileté.

Enfin, je n'approuvais pas sans doute vos irrésolutions à l'égard de la guerre d'Espagne ; cependant je les excusais. La France, ébranlée et presque renversée à deux reprises, mal assurée encore dans ses nouveaux fondemens, pouvait, au moment d'une guerre étrangère, présenter à un bon esprit beaucoup de motifs d'inquiétude.

Sur tout cela, même dans ma chaumière, je vous ai défendu tant que j'ai pu. A la fin, attaqué par un grand parti de royalistes mécontens, ainsi que par un parti immense religieux, vous accusant de ne pas faire assez de ce que le public et moi-même vous accusions déjà de faire trop ; lorsque, au lieu d'une noble résistance, attitude si digne de vous, je vous ai vu céder peu à peu, et finalement recevoir le joug qui vous était imposé; vous me pardonnerez d'oser vous dire que quelque chose de mon estime s'est éloigné de vous. Entraîné désormais à gouverner l'Etat, non pour des intérêts d'Etat, mais pour des intérêts de prêtre, vernissés de couleur religieuse; devenu, au lieu de ministre supérieur dans votre partie, un simple commis subalterne sous la main d'un comité de conscience dont vous et moi nous connaissons parfaitement la composition ; c'est en vain que vous voulez cacher votre nouvelle condition ; elle est, ainsi que celle de tout le ministère, complètement à découvert.

Cependant, je dois vous prévenir, et je m'en suis rendu certain, que, même avec ces sacrifices, votre position n'est nullement assurée. Parce que vous vous êtes engagé à ce parti, vous croyez que ce parti s'est engagé à vous ; il n'en est rien. Spéculant aujourd'hui sur votre chute, comme il a spéculé long-temps sur votre élévation, je suis averti qu'il cherche d'avance à faire son lot dans cet événement. Je suis averti que, par une combinaison déjà accordée entre des prélats éminens et des députés marquans dans l'Opposition royaliste, on cherche, après vous avoir jeté à la mer, ainsi qu'un grand nombre de ministres actuels, à sauver dans le naufrage la très-bonne, la très-douce influence du *parti prêtre*. Ce plan, dans lequel on n'abandonnerait pas les jésuites, mais dans lequel on tâcherait de les montrer contenus dans certaines limites, aurait pour principale bannière une déclaration nouvelle d'adhésion à la constitution et à la Charte. Avec cette déclaration, signée même par des cardinaux, et le pathos dont on ne manquerait pas de l'accompagner, on pourrait sûrement tromper beaucoup d'honnêtes gens, changer quelques attitudes, même quelques positions : il faut le dire franchement, ce plan n'aurait pas deux ans de succès. Certes, nous ne voulons pas que les prêtres se mettent, comme ils ont fait jusqu'à présent, dans nos affaires politiques, pour les embarrasser et les contrarier. Nous ne voulons pas davantage qu'ils s'y mettent pour les seconder et les appuyer. Nous ne voulons pas d'un prêtre qui, comme celui qui a été accusé dernièrement, nous prêche que *l'État ne peut se conserver, si la Charte se conserve ;* nous ne voulons pas plus d'un prêtre qui s'exténue à nous en prôner les avantages. Nous ne voulons pas d'un prêtre prédicant factieux ; nous ne voulons pas d'un prêtre prédicant politique.

En ce point, je suis forcé de m'éloigner des opinions d'un homme que j'aime et que j'honore par-dessus tout. M. le vicomte de Châteaubriand nous dit dans un de ses derniers écrits : « Elevez notre jeune clergé dans l'amour des lois du pays; il les défendra et en tirera sa puissance. » Je lui en demande pardon. Cela conviendrait sans doute fort peu au clergé; cela nous conviendrait encore moins à nous; nous voulons qu'on *élève notre jeune clergé dans l'amour* de

Dieu et dans la connaissance de la religion. Nous voulons, avec M. Frayssinous, qu'un prêtre soit prêtre *avant tout*. Nous voulons aussi qu'il ne soit que cela, et surtout qu'il ne prétende pas nous enseigner *les lois du pays*.

Je pourrais me dispenser sans doute de marquer ici tant d'opposition à un système auquel je sais que vous résistez vous-même, attendu qu'il en résulterait pour vous désormais un néant politique que vous ne pourriez supporter. Toutefois, pour éviter un certain danger de disgrâce publique et de mépris, remarquez que vous vous placez dans un autre danger non moins redoutable. Avec un esprit infini, vous pouvez échapper aux reproches, tant qu'ils portent sur des faits qui se perdent dans une atmosphère vague; mais quand ils portent sur des points et sur des faits précis, comment ferez-vous ?

Vous ne pouvez ignorer que les jésuites ne sont pas à eux seuls l'objet du mécontentement. Ils ne sont pas à eux seuls le *parti prêtre;* ils en sont seulement un avant-poste. Mais, tout ainsi qu'une affaire d'avant-poste amène quelquefois un combat général, l'avant-poste des jésuites, au secours desquels on fait marcher le *parti prêtre*, armé des missions et des congrégations, avec toute la puissance des gendarmes et du ministère, peut amener d'autant plus facilement une affaire générale, que, comme vous le savez, tout le barreau de France, la Cour royale de Paris et récemment la Chambre des pairs, sont engagés dans le combat.

L'attitude que vous avez montrée à cet égard à la Chambre des députés est tout-à-fait remarquable. Après vous être défait, comme vous avez pu, de quelques reproches généraux, vous avez prononcé les paroles suivantes qui méritent une grande attention:

« Les jésuites, dira-t-on ; pour ceux-là, vous ne nierez pas le fait. Ils existent, et c'est une violation de nos lois. Ils existent, dites-vous; ni plus ni moins qu'ils existaient quand vous étiez à la tête de l'instruction publique, dirai-je à l'un de mes adversaires; et quand vous étiez procureur-général, dirai-je à l'autre. »

Vous ajoutez :

« Nous ne voulons pas plus que vous le rétablissement de cette corporation religieuse, mais pas plus que vous, quand vous auriez du pouvoir, nous ne croyons devoir user de celui qui nous est confié pour persécuter des individus sous le prétexte d'opinions religieuses. » (*Moniteur.*)

Cette réponse, Monseigneur, est, je l'avoue, très-spirituelle et surtout assez piquante pour les deux personnages que vous avez désignés; encore qu'ils soient l'un et l'autre de mes amis, je n'ai pu m'empêcher de sourire. Cependant les affaires d'Etat sont trop importantes, pour être traitées seulement avec des épigrammes. Les magistrats ayant déclaré que l'institution des jésuites est une chose incompatible avec les lois, ainsi qu'avec la sûreté du Roi et de l'Etat; lorsque la Chambre des pairs, entrant dans cette pensée, a prononcé, sur le rapport de sa commission, que l'existence *de fait* de cette institution était un scandale, et qu'elle vous a dénoncé à vous-même ce scandale; vous suffit-il d'aller dire à la Chambre des députés que vous ne voulez pas le rétablissement de cette corporation religieuse, lorsque ce rétablissement est opéré de fait?

Monseigneur, de trois choses l'une : ou

bien l'institution des jésuites est essentiellement vicieuse, ou bien elle est seulement susceptible de doute, ou bien elle est éminemment utile.

Je me placerai d'abord dans la première supposition.

J'avoue, qu'en remuant dans ma pensée les souvenirs qui s'attachent à ces religieux, dans leur conduite à la Chine, au Paraguay, ainsi que dans leurs démêlés avec les évêques, avec les parlemens, avec les rois, avec l'université, je ne puis m'empêcher de voir, dans le rétablissement des successeurs des Guignard, des Jean Châtel, des Escobar et des Malagrida, tout ce qu'il y a au monde de plus hideux; et alors, en supposant que des membres de la Chambre des députés se plaignissent à Votre Excellence de la protection qu'ils croiraient que vous accordez à une bande de voleurs, vous suffirait-il de dire que *vous ne voulez pas plus qu'eux leur établissement*, lorsqu'il serait connu que vous ne prenez aucune mesure pour en délivrer le pays.

Vous trouverez, Monseigneur, que plaçant la question des jésuites dans ce sens, j'en ai exagéré les termes. On peut dire en effet que la Compagnie de Jésus a eu dans tous les temps des apologistes respectables qu'on ne trouverait pas en faveur de celle de Mandrin. Je rentre alors dans la seconde supposition, celle où le mérite et le démérite de cette institution pourraient être controversés; ce sera alors, si vous voulez, comme la société des francs-maçons; celle-là, qui a de grands détracteurs, a aussi de grands partisans : de respectables personnages, même des souverains, en ont fait partie. Cependant, comme elle est proscrite par les lois dans certains pays, notamment en Espagne, vous suffirait-il de dire, étant ministre à Madrid, au milieu du conseil de Castille, ou en présence des volontaires royalistes, que *vous ne voulez pas plus qu'eux du rétablissement de la société des francs-maçons?*

Je viens à la troisième supposition. Non-seulement l'institution des jésuites n'est pas, comme je le pense, une institution abominable, ou comme d'autres le croient, une institution d'un mérite douteux; j'accorde que c'est une institution utile dont la France et le monarque ne peuvent se passer. Dans ce cas, Monseigneur, Votre Excellence ne sera pas plus avancée. On opposera à ces paroles les paroles même de M. le comte Portalis, rapporteur de la commission de la Chambre des pairs.

« Si cette corporation est utile, elle doit être autorisée. Ce qui ne doit pas être possible, c'est qu'aucun établissement, même utile, existe de fait, lorsqu'il ne peut avoir aucune existence de droit, et que, loin d'être protégé par la puissance des lois, il le soit par leur impuissance. »

Dans le fait, Monseigneur, deux vues diverses partagent l'administration. Une portion voit, dans l'établissement des jésuites, un service en même temps qu'un danger. Pour profiter du service en éloignant le danger, elle s'oppose à l'admission légale qui aurait des inconvéniens; elle se contente de l'admission de fait. Une autre partie qui voit tout service et aucun danger, se contente préalablement de leur existence de fait, se proposant dans la suite d'en faire sortir par une simple formalité leur existence de droit.

Quelle que soit celle de ces lignes que

vous suiviez, Monseigneur, n'ayant pas pour vous la Chambre des pairs, et la majorité de celle des députés pouvant d'un moment à l'autre vous échapper, permettez-moi de vous dire qu'une multitude de dangers s'accumulent sur votre tête.

Et d'abord il faut y prendre garde, quels que soient vos mérites, de grandes préventions planent depuis long-temps sur vous. Il est connu que Votre Excellence n'aime ni la Charte, ni les constitutions. Lorsque le mot charte est dans votre bouche, on soupçonne que celui de contre-révolution est dans votre cœur. A l'appui de ces préventions, on cite de vous un écrit publié précédemment contre toutes les constitutions et contre toutes les chartes. Coblentz était alors tout en vous; on soupçonne qu'il y est encore.

Sans doute on peut citer plusieurs ministres, notamment en Angleterre, qui ont changé d'opinion. On sait que, dans sa jeunesse, M. Pitt a été au plus haut de la démocratie. On en dit autant de M. Wyndham, de M. Burke et du duc de Portland. De tout temps, dans le mouvement des Etats, on a vu les esprits se partager entre deux sentimens également honorables, celui de la liberté et celui de l'autorité. Au moment où la liberté sera crue en danger, il sera convenable que les esprits généreux se portent au secours de la liberté. Il en sera de même lorsque l'autorité pourra paraître en péril. Cependant, outre qu'il est rare de voir les hommes en pouvoir revenir sincèrement à la liberté, ils s'efforcent, quand de tels changemens s'opèrent, à ne laisser dans les esprits rien d'équivoque. Ils cherchent à montrer des garanties.

Vous, Monseigneur, quand vous avez quitté les livrées de la contre-révolution pour prendre celles de la Charte, quelle garantie avez-vous donnée ? Par quel cortége avez-vous assuré et indiqué votre marche ? Si la servante de Pilate vivait, elle vous dirait sûrement comme à Pierre : *N'étiez-vous pas autrefois de ces hommes?* Elle ajouterait : *Vous en êtes encore.* Votre conduite actuelle fait croire que vous voulez en être toujours. Il en résulte, sur vous, je ne sais quel reflet de duplicité qui provoque la malveillance. Vous pouvez vous expliquer par-là le mouvement de haine publique que vous connaissez sûrement, et que, dans tous les cas, l'événement récent de la garde nationale a pu vous manifester.

La haine publique! Je sais, Monseigneur, tout comme un autre, la valeur qu'elle peut avoir pour un honnête homme quand il est sur la ligne de son devoir. Le poëte dit très-bien : *Nec tulit, nec ponit secures, arbitrio popularis auræ.* Il dit aussi: *Nec civium ardor prava jubentium.* Ainsi donc, si votre résistance actuelle a pour objet de repousser de la part de vos concitoyens des injonctions dépravées, si c'est réellement pour le salut du Roi et de la patrie que vous tenez à la position que vous avez prise, non-seulement, Monseigneur, je vous admire et vous approuve, mais je vous demanderai encore de me permettre d'être à côté de vous et de partager vos dangers. Mais alors il faut être bien sûr qu'on remplit ses devoirs.

Saint Ignace d'Antioche, condamné par Trajan, peut dire avec joie : « Je suis le froment de Dieu; moulu par la dent des bêtes, je vais devenir un pain tout pur de Jésus-Christ. » Il est soutenu par la grâce de Dieu et par les devoirs de son apostolat. Mais vous, Monseigneur, si jamais vous êtes livré à la dent des hommes, quel témoignage pourrez-vous vous rendre ? Est-ce seulement ici une multitude insensée qui vous poursuit ? Infidèle à nos lois, et averti en ce point, d'abord par les jurisconsultes, ensuite par les Cours royales, ensuite encore par la Chambre des pairs ; qui fait que vous amassez contre vous, à la suite d'une vie honorable et au milieu d'une famille qui vous est chère, une multitude de griefs justes ? Qui fait que, par une multitude de violations incontestables et que vous ne pouvez désavouer, vous vous privez d'avance de ce noble refuge de tout honnête homme dans la fidélité à ses devoirs, dans l'approbation de sa conscience ? Comment, Monseigneur ! vous immoler, non pour servir votre Roi et votre patrie, mais seulement pour servir les jésuites ! Vous immoler pour donner quelques momens de satisfaction au père Loriquet et au père Jennesseaux ! Franchement, c'est vous donner à trop bon marché ; vous valez mieux que cela.

De quelque manière que j'envisage votre

position, en vérité, Monseigneur, elle ne me paraît pas tenable : j'en frémis pour vous. Au moment où une accusation partirait de la Chambre des députés, je ne vous vois aucune défense. Je me suppose alors à la Chambre des pairs ; je n'ai reçu de vous aucun bienfait, je n'ai reçu non plus de vous aucune injure : je ne vous porte donc aucune haine. Eh bien ! je vous le déclare dans la sincérité de mon ame : au moment où il me faudrait prononcer sur votre accusation, je ne pourrais faire autrement que de vous condamner à mort.

CONCLUSION ET RESUMÉ.

Monseigneur, la contention actuelle relativement aux jésuites, ne peut être regardée comme isolée. En mettant en évidence de part et d'autre de grandes opinions et de grandes forces, elle a mis en évidence par-là même l'ensemble des vues, des prétentions et des passions auxquelles elle appartient. En principe politique, si l'institution des jésuites est une institution monstrueuse, il faut se hâter comme telle de la supprimer.

Si l'institution des jésuites est une institution équivoque sur laquelle la France soit susceptible de se diviser, il faut encore la supprimer comme élément de trouble.

Avant tout c'est la question légale qu'il faut poser. Utile ou nuisible, dès qu'elle s'est introduite furtivement en opposition à la loi, c'est encore à la loi à la repousser, sauf au gouvernement à la présenter ensuite aux Chambres pour en obtenir l'admission.

Qu'on ne cite plus à ce sujet, soit les

Etats-Unis, soit la Russie, soit la Prusse, soit même l'empire de Napoléon. Sous l'empire où un homme avait tout envahi, les dangers d'un nouvel envahissement étaient certainement moins graves. On avait, dans le caractère du chef d'alors, des garanties beaucoup plus que suffisantes. D'un autre côté, dans des Etats schismatiques ou hérétiques, tels que sont deux grands Etats du Nord, la religion dominante dans ces Etats offre des garanties convenables.

J'en dirai autant des Etats-Unis. Comme un prince est plus facile à circonvenir qu'une république, celle-ci est moins susceptible aussi des attentats personnels; sans compter que, dans la constitution franchement républicaine, la liberté est nécessairement plus affermie, surtout contre une domination de prêtres.

D'après ces considérations, la dissolution de tous les établissemens de jésuites actuellement existans, est le seul parti que je puisse proposer à Votre Excellence. Pour cela il faudra sans doute auparavant secouer le joug et des congrégations et du *parti prêtre;* n'hésitez pas. Vous pouvez perdre un moment le ministère. Si vous y tenez, il vous reviendra avec l'appui et les suffrages de toute la France. Dans tous les cas, le ministère que vous garderez encore quelque temps, ne vaudrait certainement ni votre gloire, ni la gloire du Roi, ni le salut de la France; il pourrait, comme je vous l'ai dit, vous mener à votre perte.

Si ce parti ne vous convient pas, et si vous persistez à demeurer dans la position que vous avez prise, vous n'avez plus, pour vous comme pour tous, qu'un moyen de salut. Je pense tout-à-fait alors comme on suppose dans le public que pensent en secret M. Dudon, M. de Bonald, M. de Vitrolle, c'est-à-dire qu'il faut se hâter de supprimer en France la Charte et toute espèce de simulacre de constitution. Mon premier motif, c'est que ces simulacres étant de simples roseaux, ils sont comme un piége pour tous les courages et toutes les générosités qui cherchent à s'y appuyer. Dans un autre cas, ils peuvent occasioner la perte de l'Etat et de la monarchie; car en s'y attachant pour faire tomber le despotisme, on peut ébranler l'Etat entier.

Je demande l'abandon de la constitution et de la Charte par un autre motif ; c'est qu'avec une apparence de liberté, on a l'air de recevoir librement et volontairement l'ignominie. Sous un despotisme franc, l'ignominie est imposée : elle n'est pas acceptée.

Lorsque nos soldats français, captifs dans un empire du Nord, se virent obligés de recevoir de leurs maîtres les châtimens brutaux, usités chez ces peuples, ils ne résistèrent pas, ils ne murmurèrent pas, ils se mirent tous ensemble à *béler*. Interrogés sur cette singularité : « Vous nous traitez comme des bêtes, dirent-ils, nous nous plaignons comme elles. » Je dirai de même au gouvernement d'aujourd'hui : Si vous voulez absolument nous faire accepter vos jésuites, vos congrégations, vos missionnaires, vous pouvez nous dispenser de vos discours. Ayez seulement des gendarmes, et payez-les bien. La tyrannie contre laquelle il y a possibilité de résistance doit être repoussée. Celle contre laquelle il y a impossibilité doit être supportée. Dans le premier cas, vous pourrez voir la France se soulever, rugissant de colère et de fureur ; dans le second cas, elle pourra, avilie et abrutie, se contenter de *béler*, et vous aurez au moins par-là une apparence de paix.

Je conviens que ce parti peut avoir de grandes difficultés ; et alors je pourrais vous proposer un moyen que j'ai proposé il y a quelques années à un homme d'État, pour l'Espagne.

Une multitude de grands et de doctes personnages, secondés d'une multitude de mendians, de moines et d'estafiers, sont sans cesse à prôner en Espagne le gouvernement absolu : *El Rey netto*. De cette doctrine révoltante partout, révoltante encore plus dans la position de l'Espagne, il résulte pour ce pays un état dévorant de dissension et d'anarchie. Si on me voulait faire, dans ce pays, le premier ministre avec la confiance entière du monarque, il me semble que je pourrais mettre une fin à ce fléau. Aussitôt installé, je commencerais à faire rassembler auprès de moi les chefs les plus ardens de ce parti. Je leur dirais avec toute la douceur possible : « Messieurs, vous ne pouvez disconvenir qu'un roi a toujours besoin d'un conseil. Que ce conseil se compose de telle ou de telle manière, c'est affaire selon les temps. Dans les temps féodaux, il suffira de quelques barons et de quelques féaux; dans un temps plus avancé en civilisation, où le mouvement des affaires agitera toute une nation, et où l'esprit d'affaire sera entré dans toutes les classes, vous sentez par beaucoup de raisons qu'il faudra composer ce conseil, dans toutes les parties de l'Etat et dans toutes les classes. » Non-seulement je pérorerais sur ce texte avec tous mes pouvoirs et tous mes amis; je prierais encore longtemps et je supplierais. A la fin, ne pouvant fléchir aucun de ces grands personnages, je me mettrais, en vertu du *pouvoir absolu*, à en faire suspendre une vingtaine à des potences de cinquante pieds de haut, à commencer par M. de Calomarde, et à finir par le très-révérend père Cyrille. Cela fait, je traiterais ensuite de nouveau avec les autres.

Monseigneur, si vous voulez établir en France le pouvoir absolu, Votre Excellence peut avoir recours au même moyen. Cependant, je la prie de faire attention à quelque différence.

Lorsqu'on se jette dans la voie des coups

d'Etat, et qu'on a franchement en but un résultat de droit et de justice, on peut essayer de vaincre ainsi une résistance qui sera momentanée. On aura commis une violence ; mais la violence passera : le résultat demeurera. Telle serait l'implantation d'un système de charte et de liberté en Espagne, formé dans l'esprit de ses anciennes mœurs et de ses anciennes lois. Mais en France, lorsque, pour renverser la Charte et nos libertés, on aura fait subir à un grand nombre de récalcitrans (parmi lesquels on voudra peut-être bien me compter) des violences et des supplices, s'il se trouve en résultat, que ce n'est que pour établir des jésuites, des congréganistes, des missionnaires et tous les janissaires du *parti prêtre*, on verra ce que cela durera.

Monseigneur, en y réfléchissant, je ne vous conseille pas du tout ce parti. Vous êtes très-fort ; mais le temps est plus fort que vous. Vous êtes très-fort ; mais Samson et Milon de Crotone dans l'ordre physique, Bonaparte dans l'ordre politique, nous montrent qu'on peut périr par l'abus de ses forces.

FIN.

DÉNONCIATION

A MONSIEUR

LE PROCUREUR DU ROI DE MARSEILLE,

SUR

LES CAPUCINS

ET LES CONGRÉGATIONS DE CETTE VILLE,

PAR M. ISAMBERT,

AVOCAT AUX CONSEILS DU ROI ET A LA COUR DE CASSATION.

AVIS AU LECTEUR.

Les éditeurs ont reçu de Marseille la communication de cette pièce judiciaire qu'ils ajoutent par appendice au Mémoire de M. le comte de Montlosier.

DÉNONCIATION

sur

LES CAPUCINS DE MARSEILLE.

A M. MÉRINDOL,

substitut du procureur du roi a marseille.

Monsieur,

J'aurais voulu pouvoir répondre aux politesses que j'ai reçues de vous pendant mon séjour dans votre ville, et vous rendre en personne la visite que vous m'avez faite; n'ayant pas eu l'avantage de vous trouver chez vous, je n'ai pu, à cause de votre départ, vous la réitérer.

Je le regrette d'autant plus que les sentimens d'indépendance dont vous avez fait profession, et qui m'ont été confirmés par un magistrat et par le barreau, joints à une instruction solide et à un grand amour du travail, m'auraient rendu cette conversation agréable, et confirmé dans l'opinion que je vous ai exprimée, qu'un jour nous vous verrions en donner des preuves dans l'exercice de vos fonctions et dans la magistrature à laquelle vous êtes appelé.

Par-là vous effacerez l'impression fâcheuse qu'ont pu laisser dans les esprits les paroles que vous regrettez d'avoir laissé échapper. Mais je ne dois pas vous dissimuler que comme la censure a été publique, il faudrait, pour la faire oublier, qu'il se présentât une occasion de montrer publiquement la constitutionnalité de vos opinions.

En quittant Marseille, je laisse à votre parquet un Mémoire relatif aux corporations religieuses de toute espèce qui infestent votre territoire, en opposition avec les lois, et qui accusent hautement non leur impuissance, mais la faiblesse du ministère public.

Je sais bien que la tolérance des ministres à leur égard vous place dans une position embarrassante. Mais quel est le ministre qui oserait blâmer des réquisitions fondées sur le texte de la loi?

Si l'inaction du ministère s'explique par la nécessité *politique* de ménager de hautes susceptibilités, vous qui ne reconnaissez d'autre règle que la *justice*, et qui devez marcher sans crainte dans la ligne de vos devoirs, vous leur rendriez probablement un très-grand service, en prenant l'initiative que le décret de l'an XII, rédigé par M. Portalis, vous a déférée.

Si le ministre de la justice se permettait une destitution dans un pareil cas, il serait sur-le-champ mis en accusation devant les Chambres.

Dans tous les cas, vous êtes les serviteurs de la loi et de votre pays, et non aux ordres des ministres; il me semble qu'il n'y a pas à hésiter à commencer des poursuites.

Il paraît que c'est par la Provence que le monachisme a voulu commencer la conquête de la France; c'est aux magistrats de ce pays à commencer l'attaque, qui ne sera qu'une défense; car c'est ici que les congrégations sont le plus nombreuses; ce n'est même qu'à Marseille qu'on a l'avantage de voir des capucins dans les rues.

Comme membre du parquet, vous allez être appelé à délibérer sur la dénonciation que j'y ai déposée.

J'apprendrai avec une grande satisfaction que vous avez pu faire parler dans un langage digne d'elles les lois du pays.

Recevez, Monsieur, l'expression de ma considération distinguée.

Signé ISAMBERT.

Marseille, ce 8 octobre 1827.

A MONSIEUR

LE PROCUREUR DU ROI

PRÈS LE TRIBUNAL

DE PREMIÈRE INSTANCE DE MARSEILLE.

Monsieur le Procureur du Roi,

Dans le séjour que j'ai fait à Marseille et dans ses environs, j'ai été à portée d'observer le nombre infini de corporations religieuses qui s'y sont accumulées, et d'après les opinions des hommes les plus éclairés, de me convaincre que c'est à leur influence toujours croissante qu'est due l'ignorance dans laquelle est retenue la classe inférieure de la population, malgré sa vivacité et son intelligence naturelles.

La classe supérieure favorise cette influence, et donne l'exemple des souscriptions qui soutiennent et alimentent ces corporations, comme si la monarchie devait prospérer par le monachisme.

La classe moyenne seule comprend que ces couvens d'hommes et de femmes sont une plaie pour le pays, et empêchent le développement de l'industrie et les progrès des lumières.

La propension que la population de la Provence, et surtout de Marseille, n'a cessé de montrer pour les partis extrêmes, ne serait-elle pas précisément le résultat de son défaut de lumières?

En parlant continuellement à l'ignorance des hommes et non à leur entendement, on est sûr d'exalter leurs passions et de les faire passer rapidement du bien au mal.

Si l'on cherchait à éclairer la raison des Provençaux, quel parti ne tirerait-on pas de leurs précieuses qualités ?

Les corporations religieuses n'ont pas seulement pour but d'exploiter à leur profit et au détriment des pasteurs légitimes la piété des fidèles.

Dans une ville où la liberté des cultes est assez hautement attestée par l'existence d'une église grecque schismatique, d'un consistoire protestant et du culte israélite, elles ont la prétention de célébrer leurs pratiques minutieuses et étroites hors de leurs temples, et de subjuguer l'esprit des dissidens par l'étalage de leurs processions, relevé par les costumes les plus bizarres, entièrement différens de ceux usités dans la vie civile.

Je me suis trouvé enveloppé le 3 octobre par les religieuses capucines avec leurs manteaux semblables à une mascarade.

Cependant la loi organique du Concordat a une disposition formelle qui défend aux ministres du culte catholique de se montrer hors de leurs temples partout où il en existe d'autres, à cause du respect qu'ils se doivent les uns aux autres, et afin que la voie publique ne devienne pas pour eux un champ de bataille, ou ne soit pas un objet de scandale.

Cette disposition n'est que la répétition d'une disposition bien autrement précise de la loi du 18 août 1792 et de celle du 7 vendémiaire an IV sur le rétablissement des cultes. Elle n'a point été rapportée ni modifiée par la Charte, ni par la loi sur la célébration des fêtes et dimanches.

Pourquoi tolère-t-on la violation de cette loi dans ce département? N'y a-t-il donc de lois obligatoires que celles qui sont favorables au culte catholique, et les allocations du budget qui frappent même sur les non-catholiques ?

La loi organique du Concordat est interprétée par la loi de 1792, et surtout par celle de l'an IV, qui n'a point été rapportée. Elle est la charte vivante des cultes ; elle est confirmée par la grande Charte royale de 1814, art. 64.

Dans ses communications avec les Chambres ou dans ses actes, soit qu'il s'agisse d'appel comme d'abus, ou d'autres cas où le pouvoir temporel est appelé à intervenir dans le gouvernement hiérarchique du culte que la Charte qualifie de religion d'État, et auquel elle accorde une dotation si considérable, le gouvernement en fait tous les jours l'application.

On invoque sans cesse cette loi organique; n'est-ce pas sur une disposition de cette loi qu'on s'est fondé tout récemment pour prétendre que les ecclésiastiques ne pouvaient être poursuivis devant les tribunaux à raison des crimes et délits par eux commis dans leurs fonctions, qu'après l'autorisation du conseil d'État?

J'ai cependant entendu des ecclésiastiques prétendre hautement que cette loi n'était point obligatoire, parce que la cour de Rome aurait, disaient-ils, protesté contre elle, comme si ce n'était pas à cette loi qu'ils doivent ce salaire que l'État leur paie.

Je les ai entendu dire que les quatre articles de la déclaration de 1682, dont l'exécution et l'enseignement sont ordonnés par les édits de Louis XIV, par la loi du 8 avril 1802, par le décret de Fontainebleau, et par les lois de la restauration, n'étaient pas obligatoires dans le for intérieur, comme si un ecclésiastique pouvait avoir deux consciences, l'une comme fonctionnaire à raison du traitement qui lui est accordé, l'autre comme sujet de la cour de Rome!

La passion raisonne ainsi; mais vous, Monsieur le Procureur du Roi, vous savez qu'il n'y a de salut pour les États que dans les lois, *in legibus salus*, et que votre devoir est de les faire respecter et observer tant qu'elles ne sont pas rapportées.

J'ai lu dans la Statistique du département des Bouches-du-Rhône, tome II, que parmi les communautés religieuses de femmes, il y en avait deux à Marseille, les *capucines* et les *clairistes*, qui ne sont pas autorisées : les premières se composaient en 1823 de trente-quatre religieuses et de deux novices; les secondes de vingt-cinq religieuses et de quatre novices. On compte aussi à Aix les *sacramentaires* et les *carmélites*, et à Tarascon les *ursulines*.

Elles se livrent à la vie contemplative, c'est-à-dire à l'oisiveté ; et comme le travail est la mère nourricière des Etats, il s'ensuit qu'elles sont contraires au bien général, et onéreuses à la population.

Elles *mendient* leur subsistance au moyen de valets ou frères lais, revêtus de l'habit de capucin ou de quelque chose qui y ressemble. On ajoute même que ces frères se sont permis de marquer à la craie rouge les maisons de ceux qui refusent de leur donner l'aumône. Ce fait a été signalé dans le *Messager* de Marseille, numéros de la fin de décembre 1826 et du commencement de janvier 1827. Aucun démenti n'a été donné à l'articulation du fait. Il y a donc présomption qu'il est vrai. Il m'est d'ailleurs attesté par des hommes dignes de foi que vous pourrez interroger.

On m'assure que les capucines ont obtenu des quêtes pour des sommes énormes, et qu'elles ont fait bâtir l'édifice qu'elles occupent avec le terrain pour 250,000 francs.

Sous quel nom cette acquisition a-t-elle été faite? Je l'ignore; mais s'il est sous le nom de la société, ce bien est vacant, le domaine doit en prendre possession, puisque la société n'existe pas légalement. Je vous prie de transmettre à M. le directeur de ce département l'avis que je consigne ici.

Le conseil municipal a eu la faiblesse de voter dans le budget de 1827, une somme de 400 fr. pour ces religieuses. Il a craint de rendre ce fait public, et par ce motif on n'imprime son budget qu'à soixante exemplaires ; il n'a été distribué qu'aux fonctionnaires, et la loi du 15 mai 1818 qui a voulu la publicité, est violée, car ce n'est pas pour eux qu'elle l'a ordonnée.

M. le préfet de la Seine n'ayant fait imprimer le budget de la ville de Paris qu'à deux cents exemplaires, et ne l'ayant distribué qu'aux fonctionnaires, a été invité par le ministre de l'intérieur en 1819 à le réimprimer.

Pour ne rien affirmer légèrement, je me suis rendu à la mairie. J'ai demandé et obtenu du chef de la comptabilité communication de ce budget; mais lorsqu'il a vu que je prenais des notes sur les allocations faites aux confréries religieuses, il me l'a retiré, en alléguant que le maire ne l'avait pas autorisé à faire cette communication, comme si le maire d'une ville pouvait défendre l'examen et la censure d'un budget dont la publicité n'a d'autre objet que de la provoquer.

La subvention accordée par ce budget aux capucines est qualifiée *aumône ;* cet employé m'a dit que l'expression était inexacte ; qu'on avait voulu dire *indemnité :* je lui ai demandé ce que la ville pouvait devoir à une corporation non autorisée, et si le conseil municipal ne connaissait pas la valeur des mots qu'il employait. Il m'a répondu par le silence.

J'ai vu dans ce budget l'allocation d'une

somme de 30,000 francs pour les filles repenties, de 3,000 francs et de 1,500 francs pour d'autres corporations ; mais ce que je n'ai vu nulle part ailleurs, c'est un traitement de 600 francs alloué *au chapelain de la ville.* Il me semble que d'après les lois il ne doit y avoir que des curés et des desservans de paroisses régulièrement érigées par un acte du gouvernement. Je ne sais pas s'il y a à l'hôtel-de-ville une chapelle, si cette chapelle a été autorisée par le gouvernement. Dans ce cas, il me semble que le prêtre desservant devrait toucher le traitement ordinaire.

M. le préfet, dans ses actes, ainsi que l'évêque, se plaignent vivement du manque de pasteurs dans les campagnes. La raison en est simple, c'est qu'on emploie les prêtres à des choses inutiles. J'ai vu sur l'affiche du collége de Marseille, que le proviseur, le censeur et l'inspecteur sont trois prêtres. Pourquoi M. l'évêque ne leur enjoint-il pas de remplir leurs fonctions ecclésiastiques ? On n'a jamais manqué de laïcs pour l'enseignement.

Du reste, le conseil municipal voudrait-il par ces allocations anticipées à des corporations, engager le gouvernement à les autoriser? Et le gouvernement le pourrait-il, quand déjà il existe six couvens de femmes dans la seule ville de Marseille? Le conseil municipal est appelé par la loi du 24 mai 1825 à s'opposer à la multiplication d'établissemens qui vivent des sueurs du peuple.

La Statistique des Bouches-du-Rhône donne l'énumération des couvens de *femmes autorisés par décrets de l'empire*. Mais ces décrets qui n'ont point été insérés au Bulletin des lois, n'ont aucune force devant la loi, et c'est avec raison qu'on doit soutenir qu'elles n'ont aucune existence légale, tant que les formalités prescrites par la loi de 1825 n'auront pas été observées.

Les femmes qui se destinent au soulagement des malades et à l'enseignement des pauvres, méritent sans doute des encouragemens; mais peut-on tolérer qu'elles se livrent à la vie *contemplative*, qu'elles reçoivent dans leur sein, au moyen d'engagemens perpétuels, des filles de famille, uniques héritières, unique consolation de leurs parens, qui sont appelées par la nature et par la loi aux nobles fonctions d'épouse et de mère?

N'y a-t-il pas, Monsieur le Procureur du Roi, dans votre juridiction, des pères de famille qui ont vu leurs filles pourvues de grâces et de beauté, aveuglées par un esprit de superstition, se soustraire à la juridiction et aux conseils paternels, et plonger dans la douleur les auteurs de leurs jours, pour se livrer à cette vie contemplative et se préparer à elles-mêmes des regrets éternels?

Si ces sociétés religieuses n'existaient pas, si elles ne faisaient pas de vœux perpétuels[1] (et certes ce n'est pas dans l'intention d'autoriser de si grands abus que les Chambres ont donné au gouvernement le pouvoir de constituer les couvens de femmes), on ne verrait pas de pareils malheurs.

Je ne vous citerai pas le nom de ceux qui éprouvent ce mortel chagrin ; ce serait renouveler leurs angoisses et leur plonger de nouveau le poignard dans le cœur.

Il paraît d'ailleurs que les quêtes faites pour les pauvres prisonniers par les dames

---

[1] J'affirme que ces vœux sont perpétuels, parce que telle a été la réponse des jeunes filles que leurs parens ont voulu tirer de ces maisons. Il est facile

de l'œuvre, et déposées dans les mains d'un prêtre dont le nom a été publié, ont été diverties en partie de leur destination, et données par lui, sans doute à bonne intention, à ces associations religieuses. La commission des prisons a été obligée de réclamer contre cet abus.

Ces communautés ont des aumoniers; elles occupent à elles seules autant de pasteurs qu'il en faudrait pour desservir les succursales du diocèse, qui, d'après la Statistique, en sont dépourvues.

Après avoir signalé l'état des congrégations religieuses de femmes, il me reste des abus bien plus graves encore à vous dénoncer.

La loi organique du Concordat ne reconnaît parmi les dignitaires ecclésiastiques que les archevêques, les évêques, les curés et les desservans; elle attache à chaque cathédrale un séminaire et un nombre limité de chanoines.

---

de concevoir qu'on élude la prohibition au moyen de ce que les statuts ne sont pas publiés en même temps que les ordonnances d'autorisation.

Ce nombre est dépassé presque partout toujours au préjudice des campagnes ; le budget de l'Etat s'en accroît ; les villes sont obligées de voter des supplémens de fonds. Le clergé catholique devient de plus en plus onéreux au pays.

Je vois par la Statistique qu'il existe des petits séminaires ou écoles ecclésiastiques desservies par les *pères de la foi.*

Or les petits séminaires sont des établissemens formellement prohibés par la loi organique du Concordat ; ils ne doivent leur existence qu'à une ordonnance du 5 octobre 1814, non insérée au Bulletin des Lois, et contemporaine de la bulle de rétablissement des jésuites. Ces petits séminaires reçoivent des élèves affranchis de la rétribution universitaire, ce qui est une violation des lois de 1806, mars 1808 et novembre 1811, sur l'Université. Cette charge retombe sur la population déjà grevée d'assez d'impôts.

En troisième lieu, les *pères de la foi* ne sont autres que les jésuites condamnés par les arrêts des Cours, les édits de nos rois et par les lois en vigueur, notamment par une disposition formelle du décret impérial de l'an XII, rédigé par M. Portalis, cet homme illustre dont la Provence s'enorgueillit d'être le berceau.

La Statistique signale, tome II, page 740, l'existence de dix-neuf ermitages dans ce département. Plusieurs, il est vrai, sont ou étaient alors (en 1823) sans ermites.

Mais nous vous le demanderons, la charte des cultes reconnaît-elle des prêtres sous le nom d'ermites? La loi organique du Concordat ne supprime-t-elle pas au contraire tous les établissemens et titres qu'elle ne reconnait pas? Cette disposition confirme et renouvelle la loi de 1792, qui a supprimé tous les moines et cénobites, et ce avec raison.

Le monachisme n'est pas tellement ancien dans l'histoire de l'Église, que l'on ne sache comment il a commencé. Il s'est augmenté ou s'est accru dans les temps de ténèbres et de barbarie; la civilisation l'a combattu comme son plus grand ennemi; des hommes d'une autorité imposante dans l'Église l'ont condamné comme aussi funeste à cette Église qu'à l'Etat; les sécularisations du dernier siècle prouvent assez quels ont été à cet égard les progrès des lumières. La Charte, qui, d'après le témoignage de son auteur, est fille de ces lumières, aurait-elle donc autorisé et ressuscité parmi nous le monachisme? La loi de 1792 est-elle rapportée? Non. La loi du 8 avril 1802, le décret de l'an XII, la loi du 2 février 1817, et celle du 24 mai 1825, corroborés par les arrêts des Cours et par l'opinion imposante de la Chambre des pairs, sont là pour attester que la puissance sociale condamne sans distinction les corporations religieuses d'hommes qui, si elles pouvaient en triompher, feraient reculer chez nous la civilisation, et nous replongeraient dans la misère et dans la barbarie, ou nous placeraient dans l'état où gémit la malheureuse Espagne.

Ceux qui travaillent sourdement au renversement de nos institutions semblent avoir choisi la Provence pour y rétablir le monachisme.

Le Guide de Marseille nous signale dans cette seule ville onze confréries de pénitens; savoir, les pénitens blancs de Saint-Martin, du Saint-Esprit et de la Trinité vieille. Dernièrement on les a vus réclamer les dépouilles mortelles du respectable président de ce tribunal et troubler ses funérailles. La France s'est étonnée d'apprendre, et les réclamations singulières de l'une de ces confréries, et le succès qu'elle a obtenu au milieu d'une ville éclairée par tant de lumières.

On compte encore les pénitens noirs de Saint-Jean-Baptiste, et les sept confréries de pénitens gris de Saint-Antoine, de Saint-Lazare, du Bon-Jésus ou Bouras, de la Sainte-Croix, de Notre-Dame de Mont-Carmel, de Saint-Maur et de Saint-Henri.

Toutes affectent un costume bizarre; plusieurs sont désignées sous le nom de Voyantes, et n'admettent pas le public à leurs exercices; chacune a son aumonier, et fait ses offices à part. Elles ont la prétention d'assister avec une place distinguée aux cérémonies du culte catholique; les affiliés réclament le privilége d'être inhumés avec un cérémonial particulier, le visage découvert : peu s'en faut qu'ils ne s'attribuent la qualification féodale et nobiliaire de *messire*, comme les chanoines de la cathédrale qui oublient tout à la fois, et la modestie chrétienne, et la disposition de la loi qui défend même aux évêques de prendre d'autre titre que celui de *citoyen* ou de *monsieur*.

Le ministère public, qui ailleurs poursuit les associations scientifiques et littéraires, tolérera-t-il long-temps encore ces associations religieuses d'hommes, quand le Code pénal a été fait surtout pour en opérer la dissolution et pour suppléer à l'absence des dispositions répressives dans le décret de l'an XII.

Ce n'est pas tout : indépendamment de ces confréries, il existe deux associations de religieux vivant sous des règles désormais étrangères à la France, et que son droit public frappe de nullité.

Ce sont les trapistes et les capucins. Les premiers sont établis à la Sainte-Baume près Gemenos; il paraît que le budget de Marseille pour 1827 leur alloue une somme de 600 francs, quoiqu'ils ne soient pas dans son territoire. Je n'ai pu vérifier le fait, cette partie du budget m'ayant été retirée de dessous les yeux[1]; mais comme vous êtes fonc-

---

[1] Chapitre IV, n° 173, dépenses extraordinaires du budget de 1826. Allocation de 600 francs pour les

tionnaire, on ne vous en refusera pas la communication.

De quel droit ce conseil municipal attribue-t-il une partie des deniers levés sur les contribuables des divers cultes, pour favoriser l'introduction d'une association religieuse qui n'est pas reconnue par la loi, ni par le culte national?

Quelle est l'utilité de ces trapistes? Se livrent-ils au soulagement de l'humanité, à l'enseignement gratuit?

Je ne les ai pas vus, je ne connais pas leur règle et ne puis la connaître; mais d'après ce que j'en sais, au lieu d'instruire le peuple, ils se condamnent au silence, à l'oisiveté; pour vivre il faut qu'ils mendient.

Les capucins me sont mieux connus; je ne sais, de ceux qui sont établis à Saint-Jean-

---

religieux de la Sainte-Baume, pour appropriation de leur couvent. Ces religieux sont des trapistes.

Dans le Précurseur du 14 octobre 1827, il est question de la visite faite aux prisons de Marseille par M. le comte Portalis, pair de France. On ne lui a pas dit qu'une partie des aumônes destinées aux prisonniers était prélevée pour de *pauvres religieuses*.

de-Garguier, rien autre chose, si ce n'est qu'on y recrute les hommes que le travail effraie, et qu'ils sont dirigés par un prêtre d'origine espagnole, comme si cette malheureuse terre était condamnée, non-seulement à vivre au milieu des plus cruelles dissensions, mais à troubler la paix des pays voisins.

Quant à ceux qui sont dans l'intérieur de Marseille, j'ai visité leur maison, voisine de celle de M. Réguis, ancien Procureur du Roi. J'ai interrogé leur supérieur, Espagnol, âgé d'environ trente-six ans. Il paraît qu'ils sont propriétaires, je ne sais sous quel nom, de la maison qu'ils habitent, et qui peut valoir vingt-cinq mille francs.

J'étais accompagné d'un citoyen respectable de Marseille, que je nommerai si l'instruction judiciaire le rend nécessaire, et s'ils nient la vérité des renseignemens que j'ai obtenus de ce supérieur.

Ils existent en vertu d'une bulle du Pape, et n'ont aucune autorisation actuelle pour résider en France et y former des maisons.

L'évêque de Marseille a cependant commissionné l'un d'eux pour faire la prédication hors de la maison : c'est pour cela seulement qu'ils croient avoir besoin d'autorisation.

Du reste, le supérieur nous a dit qu'il ne reconnaissait pas la juridiction de l'ordinaire; les peines de discipline sont infligées par lui de l'avis de ceux de ses frères qu'il veut consulter, et le provincial a le droit de condamner à la prison.

Ainsi voilà une juridiction de nouvelle espèce et une maison de détention non autorisée par la loi.

Je viens d'être informé qu'à Saint-Jean-de-Garguier, l'un des frères ainsi condamné à la détention, n'a pu s'y soustraire qu'en escaladant les murs de la maison.

Les capucins font profession de mendier, et j'en ai rencontré plusieurs la besace sur le dos. D'après les articles 274 et 275 du Code pénal, ceux qui étant valides sont *trouvés mendiant* dans les lieux où il existe des dépôts de mendicité, ou qui ont *l'habitude* de mendier dans les lieux où il n'y en a pas, encourent une peine corporelle de plus d'un mois de prison.

Les mendians et vagabonds déclarés tels

par jugement, doivent être reconduits aux frontières après avoir subi leur peine, s'ils sont *étrangers*.

Voilà donc le supérieur, homme valide puisqu'il n'a que trente-six ans, et ses frères en état de mendicité permanente.

La loi en France est-elle égale pour tous? Est-elle applicable aux étrangers qui viennent commettre des délits sur notre territoire? Parce que les capucins adoptent un habit religieux, formellement interdit par les dispositions toujours subsistantes des lois de 1792 et de l'an IV, la loi doit-elle se taire lorsqu'il y a un délit à réprimer? C'est, Monsieur le Procureur du Roi, ce que je vous laisse à décider.

Je dois ajouter que ces moines sont d'une ignorance profonde; le supérieur sait à peine lire le latin; les frères sont bien moins instruits que lui. De pareils hommes sont-ils propres à enseigner au peuple une morale pure?

On nomme les personnes qui se sont constituées les protecteurs de cette superfétation monacale. Nous ne les ferons pas connaître, parce qu'on aurait pu se tromper à leur égard, et parce que d'ailleurs, protégés ou non, les moines ne doivent pas exister, puisque la loi les repousse.

Vous êtes le fonctionnaire public auquel le décret de l'an XII a donné la mission spéciale de poursuivre ces associations, même par la *voie extraordinaire*, c'est-à-dire dans le cas où elles trameraient quelque complot contre la constitution de l'État.

On parle de tolérance. La tolérance de la violation de la loi, lorsqu'elle est aussi flagrante, qu'est-ce autre chose que l'anarchie et le renversement de l'ordre social?

Si vous n'agissez pas, de quel droit irez-vous désormais requérir l'application des lois pénales contre les mendians, vagabonds et autres infracteurs des lois?

Comment pourrez-vous invoquer la sainte autorité des lois, si vous êtes le premier à les oublier ou à les méconnaître?

Je ne dois pas pousser plus loin ces réflexions: je vous ai signalé des faits. J'ai rappelé les lois qui leur sont applicables.

J'ai rempli mon devoir de citoyen, vous remplirez celui de magistrat.

Je suis avec respect,

Monsieur le Procureur du Roi,

Votre très-humble et très-obéissant serviteur,

Signé ISAMBERT.

www.ingramcontent.com/pod-product-compliance
Lightning Source LLC
Chambersburg PA
CBHW051908160426
43198CB00012B/1803